手とり足とり就活BOOK

定番SPI基礎

ベイシック

第3版

日本キャリアサポートセンター　編著

MINERVA

は　じ　め　に

　わが国では、近年、企業が構造（組織）改革に励み、終身雇用神話の崩壊、年功序列主義から成果主義への移行など新しい雇用システムの導入が急速に進められています。それと同時に、企業側が求める人材は明るく活力に満ちているといった人間性のほか、仕事をして行く上で基礎的な能力を備えていることも強く要求されてきました。

　就職試験ではエントリーシート、面接とともに適性試験が実施されます。適性試験で最も多く実施されているのがSPI検査です。これを克服しなければ就職戦線を突破することは困難といっても過言ではありません。

　本書では、長年にわたってSPI模擬試験やSPA対策講座を数多く実施してきたノウハウを生かして、皆さんがどのようなところがつまずきやすいかを分析し「かゆいところに手が届く」ように基本的なところからできるだけ懇切丁寧に解説しています。

　最初はあせらず、じっくりと取り組んでみてください。解き方のコツ（ポイント）がマスターできるはずです。そうしたら、しめたもの。数多くの良問を解いて少しずつスピードアップを目指しましょう。この第3版では、より現在の出題傾向に沿った問題を掲載しています。

　これから就職活動していく皆さんの一日でも早い内定獲得の一助となることができたらと願う次第です。

日本キャリアサポートセンター

もくじ CONTENTS

はじめに ……………………………………………………………… 1

本書の特長と使い方 ……………………………………………… 4

SPIガイダンス …………………………………………………… 8

PART 1　非言語分野　17

第1回　割合で解く ………………………………………… 18
　　1　割合　18
　　●ど忘れコーナー1 分数の計算はどうやるの？　21
　　2　分割払い　28
　　3　割引き　36
　　4　仕事算　42

第2回　文字式で解く ……………………………………… 50
　　1　濃度　50
　　●ど忘れコーナー2 ％ってどうやって数値にするの？　54
　　2　売買損益　59
　　3　鶴亀算　68

第3回　速さの公式で解く ………………………………… 74
　　1　速さ　74
　　2　時刻表の見方　83
　　3　速さと時刻表　89

第4回　表を読む …………………………………………… 96
　　1　資料の見方　96
　　2　資料解釈　110
　　●ど忘れコーナー3 方程式を解くポイントは？　115

第5回　図で解く …………………………………………… 118
　　1　集合　118
　　●ど忘れコーナー4 ×と÷ 計算の順序はどうだっけ？　123
　　2　図点分布　127

第6回　推理して解く ················· **136**

  1　推理（勝ち負け）　**136**

  2　推理（位置）　**145**

  3　推理（順序）　**151**

  4　推理（論理）　**157**

第7回　公式で解く ····················· **166**

  1　順列・組合せ　**166**

  2　確率　**177**

第8回　特殊な計算 ····················· **190**

  1　物の流れと比率　**190**

  2　関数式のような式　**200**

PART 2　言語分野　211

第9回　言葉を比べる ················· **212**

  1　2語の関係　**212**

  2　同じ意味　**224**

  3　語句の意味　**232**

  4　同意語・反意語　**240**

  ●ど忘れコーナー5　基本的な反対語は？　**245**

第10回　長文を読む ··················· **248**

  長文読解　**248**

本書の特長と使い方
●●●●●●●●●●●●●●●●●●●●●

About this text!
この本について…

この本は、SPI2の能力検査に対応しています。

能力検査は、数学や理科、判断推理などが出題される**「非言語分野」**と、語句や長文読解などの国語的内容が出題される**「言語分野」**で構成されています。

この本では、PART 1 として「非言語分野」、PART 2 として「言語分野」という構成になっています。

この本は、問題集ではありません。テキストです。

「SPIは、とにかく、たくさんの問題を解いて慣れること」が一番。これは、本当です。でも、まずは解き方や考え方がわからなくてはいけません。

本書は、SPIで、よく出題される定番パターンの問題を厳選。その解き方を講義形式で手とり足とりていねいに説明してあります。

Structures
それでは、本書の全体的な構成を見てみましょう。

本書の構成

SPIガイダンス	●就職試験の代名詞「SPI」とは何か。ここを読めばすっきりわかる。それぞれの検査内容に応じた対応策もばっちりわかる！
PART1：非言語分野 第1〜8回（数学的分野）	●SPIの定番パターンの問題を掲げ、解き方や考え方を図表を使いながらていねいに解説。 ●現役講師による講義形式で進むから、つまずきやすいポイントもしっかりおさえた解説。
PART2：言語分野 第9回（国語的知識） 第10回（長文読解）	●途中式や解説の省略が少なく、忘れがちな算数や数学レベルの学習内容も「ど忘れコーナー」や「計算のコツ」でしっかりフォロー。 ●各回のポイントを最後にまとめ、さらに講義で解いた問題とそっくりな類題を用意。

How to use!

本書の使い方

それでは、本書の使い方を紹介します。
まず、各回の構成は、次のようになっています。

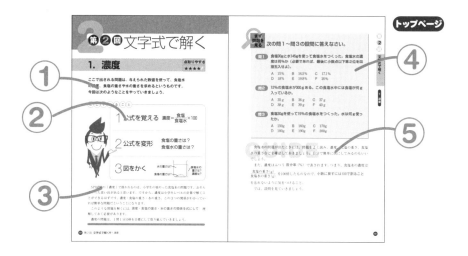

① 学習する単元についての基本情報がわかります。タイトルの欄右端の★の数は、その単元の難易度を表しています。★が多いと点が取りやすい、つまり、比較的容易に得点源にできるということです。

② 講義の大体の内容がわかります。まず、今回はどんなことをやるのか確認してから臨みましょう。

③ 講師からのメッセージです。また、その単元の問題を解く時間のめやすも書いてあるので目標にしましょう。

④ その単元のモデル問題です。まずは③にあった時間をめやすに自力で解いてみましょう。

⑤ その単元の問題の大まかな解き方が書いてあります。目を通しておきましょう。

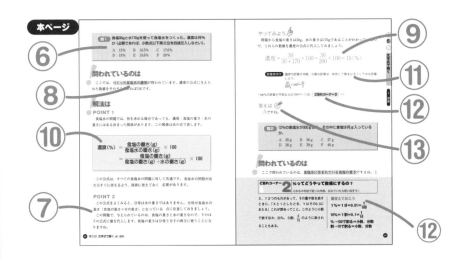

⑥ 解説の始まりだよ！

④のモデル問題について、設問1つずつを再掲しながら解説していきます。

⑦ 大切なところだよ！

解き方のポイントとなるところは、太い色文字になっています。講義全体を通して1番目に大切なところですから、しっかりとおさえていきましょう。

⑧ 色のオビ　　　　　　　　が引いてあるところは2番目に大切なところです。ここはよく注意して読み進めましょう。

⑨ 大きい色文字は、解き方や考え方のカギとなるところです。ここも注目しましょう。

⑩ 実際に講義をしていたら板書して説明したり、まとめてみせたりする部分です。よく見て、頭の中を整理しましょう。

⑪ 約分や単位の換算など、ちょっとした工夫でスピードアップが図れる計算のコツなどをアドバイスしています。

⑫ お助けコーナー

小学校算数や中学校数学でならったことは案外忘れているもの。そんなときは、「ど忘れコーナー」へのガイドが付いています。案内されたページの「ど忘れコーナー」を見てみよう。

13 設問ごとに答えは目立つように、各解説が一通り終わったあと、タイトルとマークで明示。答えは太い色文字で表しています。

答えはここ！

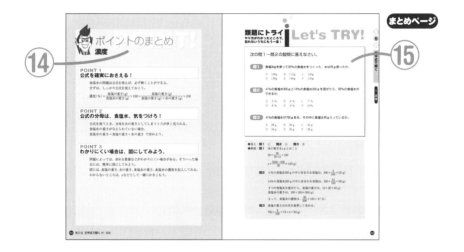

14 各回ごとの講義のポイントを一覧にしてあります。「あれ？」「何だったっけ？」というときは、本ページの同じ番号のPOINTがあったページにフィードバック。

15 今、やったのとそっくり同じ問題を毎回用意。その単元の問題の解き方をほんとうにマスターしたのか試してみよう。

SPI検査とは

1●どんなテスト？

SPI（Synthetic Personality Inventory）とは、

「能力検査と性格検査を合わせ持った、高度な個人の資質を総合的に把握する検査」で、採用・人事の判断材料として幅広く企業が取り入れている検査です。

SPIの歴史

1963年　現リクルート社が適性検査事業創業

1974年　総合検査SPIとしてリリース

2002年　人事測定研究所（リクルートマネジメントソリューションズ社）が総合検査SPI2をリリース

2013年1月　テストセンターなどWeb利用の一部をSPI3に移行

2014年1月　ペーパーテスティングをSPI3に移行

2●どの段階で実施されるの？

採用活動の流れのどこでSPI検査を実施するかは、各企業さまざまです。

本学の調査では、説明会とは別日程で、1次面接と同日、またはその前に実施する企業が多く見られますが、説明会当日に実施する場合もあります。したがって、SPI検査の対策は、企業との接触が始まる前にしておくのがベストです。

3●検査の実施方法は？

Webで受検する方法、紙で受検する方法があります。

種類	実施形態
テストセンター	指定会場のパソコンで受検
インハウスCBT	企業のパソコンで受検
Webテスティング	自宅などのパソコンで受検
ペーパーテスティング	問題冊子とマークシートで受検

4●検査内容は？

　SPIにはさまざまな種類がありますが、テストセンターやペーパーテスティングのどちらでも、学生が最も多く受検するのはU版です。

　その検査内容について、SPI3-U版を例に見てみましょう。

　検査は、能力検査と性格検査の2つに分かれています。

①能力検査

〈U版〉ペーパーテスティング

		検査内容	問題数	時間
検査Ⅰ	言語	2語の関係、長文など	40問	30分
検査Ⅱ	非言語	表からの計算、推理など	30問	40分

　ペーパーテストでは出題される問題数が決まっており、非言語は40分で30問の出題です。1問につき80秒で通過しなければ、全問解くことができません。よって、解き方のポイントは自分の得意な問題から解き、初見のものはパスするなどして、時間の使い方を工夫しましょう。

　実際の検査方法は、まず、B5版の問題冊子と解答シートが配布され、検査前には解答シートの上部に氏名、番号、生年月日、学校名、専攻、職種などを記入するよう指示があります。その後、問題冊子のシールを破いて解答を始めます。

　解答形式は、選択肢5〜10の中から解答して、その記号を解答シートに塗りつぶしてマークする方法です。

②総合検査（能力検査＋性格検査）テストセンター

名称	検査対象	検査内容	能力検査	性格検査
SPI3-U	4大生	言語・非言語	35分	30分
SPI3-UE	4大生	言語・非言語・英語	55分	30分
SPI3-US	4大生	言語・非言語・構造的把握力	55分	30分

　テストセンターの能力検査は問題数が決まっているわけではなく、35分間に言語・非言語の問題が次々と出題されます。

5●検査結果は？

　検査の結果は、個人報告表という形式で企業に届けられます。

　個人報告表には、名前などの基礎データ、**行動的側面、意欲的側面、情緒的側面、社会関係的側面、能力的側面、性格面の特徴、面接などでの確認ポイント、職務適応力など**が示されています。

　能力的側面では、能力検査の結果をもとに、総合・言語・非言語別に「標準得点」・「段階」・「総合順位」が報告されます。

　「標準得点」とは、いわゆる偏差値計算で、最も多くの学生が取る点数（平均点）を50とした時の分布により、点数化されます。どの版も同じように分布するように作成されています。

　「段階」は、標準得点を7段階に区分けして、表示されます。

　「総合順位」は、同時に受けた中での順位が表示されます。

　当然、著名な人気企業を目指す程、高い「段階」で足切りされ、事前学習が要求されます。

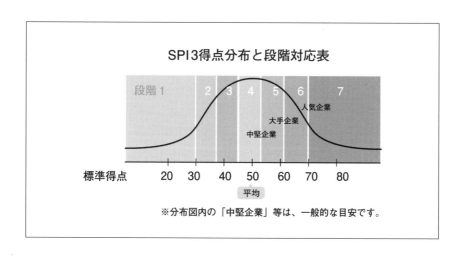

6●誤謬率とは？

　SPIについて情報を集めると必ず出会う言葉が「誤謬率」です。

　誤謬率とは、解答した数に対する正解数の率です。この誤謬率が計算される検査はSPI3の種類のうち、**SPI3-RとSPI3-Nの2版だけ**です。金融機関の採用試験でこのR版、N版を行う報告もあります。

　大学生・専門学校生が多く受ける**SPI3-U版には、ありません**。ですから、自分の得意な問題から、より多くの正解をして「段階」を上げることに徹してください。

　誤謬率は、事務処理の正確さを捉えるための指標です。下記のように誤謬率と標準得点のマトリックスで受検者の傾向が大まかにわかるようになっています。各設問は難易度は低いものの、制限時間に比して膨大な数の問題を処理しなければならず、U版とは異なる独特な傾向を持っています。

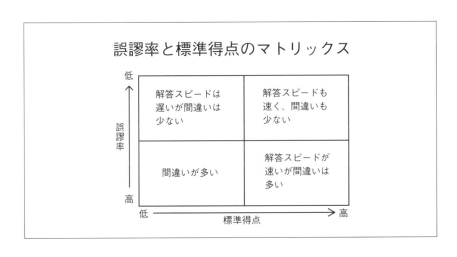

誤謬率と標準得点のマトリックス

	低	
誤謬率	解答スピードは遅いが間違いは少ない	解答スピードも速く、間違いも少ない
	間違いが多い	解答スピードが速いが間違いは多い
高	低　　　標準得点　　　高	

7●テストセンターについて

(1)能力検査

SPI3に移行されましたが、検査内容に変更はありません。

種類	検査内容	時間
言語	2語の関係、長文並び換えなど	言語・非言語
非言語	推理、確率、速さなど	合計35分

※企業によっては、オプションで英語と構造的把握力の検査が追加される場合もあります。

○英語能力検査

内容は語彙・文法の理解力、それらを用いた読解力などを見る長文などが出題されます。貿易関連企業や外資系など、語学力を必要とする企業を受ける学生は対策が必要です。

○構造的把握力検査

2013年から新しく加わった検査で、ものごとの背景にある共通性や関連性を把握するものです。非言語の解答方法の共通性と言語の文のグルーピングの2つの形式で出題されます。

■特徴

テストセンターの検査は、35分間に言語・非言語の順で問題が次々と出題され、当然、速く解答できる学生には多くの問題が出題されます。また、正解か不正解かによって、その後の問題の難易度も異なったものが出題されることが特徴です。

ⅰ)制限時間

1問または1組ごとの制限時間が設定されており、その時間内に解答しなければ自動的に次の問題に変わってしまいます。また、一度「次へ」のボタンをクリックすると前の問題には戻れないため、ペーパー検査のように得意な問題から解き、苦手な問題に戻る方法はとれません。

ⅱ)組問題

2、3問を1組として、同じ資料、数値から異なる問題が出題される組問題が多いのもテストセンターの特徴です。同じ組問題内であれば、制限時間のう

ちはタブにより移動できます。

ⅲ）モニター画面を用いる

　テストセンターの場合、指定された会場に出向き各ブース内でモニターにより受検します。日頃、問題集など紙ベースで対策している学生が多く、モニターでの問題把握と配布された計算用紙での卓上の計算のため、首の上げ下げが必要で苦戦する学生の報告を多数聞きます。計算用紙も効果的に使用しなければならず、事前にパソコンでの練習問題を解くといった練習をしておいて、慣れておくことが大事です。

⑵性格検査

　選択肢は４つです。

種類	質問形式	質問数	時間
第１部	Aに近い・どちらかといえばAに近い・どちらかといえばBに近い・Bに近い　の４択から１つ選択	93問	12分
第２部	NO・どちらかといえばNO・どちらかといえばYES・YES　の４択から１つ選択	126問	13分
第３部	Aに近い・どちらかといえばAに近い・どちらかといえばBに近い・Bに近い　の４択から１つ選択	74問	11分

　全体を通して、質問の表現を変えながら似たような内容を繰り返し問われるのが特徴です。

　回答に時間がかかりすぎたり、回答内容に矛盾が生じたりすると、マイナスの評価がつくことがあります。自分を取りつくろった選択肢を選ぶことは避け、素直に回答していくことを心がけましょう。

8●前回結果送信について

　テストセンターでは、一度受検した結果を他の企業に使い回すことができます（前回結果送信）。ただし、二度目以降は、その直前に受検した結果が本人の点数になり、前回の結果は消えてしまいます。したがって、この制度を利用するか否かは慎重に判断しなければなりません。

■非言語分野（検査Ⅱ）の対策

1●特徴は？

　ペーパーテスティング検査では、制限時間は**40分で30問**出題され、1問80秒で解答する計算になります。

　時間さえかければ、解ける問題が多いのですが、**時間との勝負**です。いかに事前にきちっとした対策を立て、より多く、本当の傾向をつかんだ良問にあたるかが、本番でスムーズな解答ができるかの鍵になります。**1度見ているのと、そうでないのとでは、スピードが断然違います。**

　たとえば表問題はその典型です。実際は足し算と掛け算、分数しか使用しません。ただその表を読み取るのが難しくなるよう、問題を練って作問されています。あらためて解くとスムーズにいくのですが、最初は時間がかかるものが多いのです。SPIでは、超難関な数学が出るわけではなく、事前準備での傾向把握こそ、高得点の条件です。

2●問題構成は？

　割合、集合などの四則演算を使った計算、表、グラフなどの読み取り、それに新データを加えた場合の応用力および推理が選択肢6～10で出題されます。本学調査で**出題頻度の高い項目**は次のとおりです。

　文章題（割合など）　　確率　　数表・図表　　集合
　推理（勝ち負け・位置・順序・論理）　売買損益　　順列・組合せ

3●対策は？

■■■対策その1●四則演算を軽視するな

　ないがしろにできないのが、足し算・引き算・掛け算・割り算の四則演算です。**1問平均80秒で解くSPIで、1ランク上を狙うには、この四則演算のスピード、正確性は大変重要**になってきます。試験は当然、電卓で行うのではありません。考え方、計算式が合っていても計算を間違えては台なしです。また、1問1問の計算を速く処理することの積み重ねで、他の問題に少しでも多くの時間を割くことが可能になります。当然のことなのですが、**日頃の対策時から、1問の解答時間を意識して行う。**これが大切です。演算の練習を行い、この地味な努力を行うことで、他の学生に一歩先んじてください。

■■■対策その2●苦手な（忘れてしまった）計算は、恥ずかしがらず復習を

SPI試験に必要な計算は、上記で述べた四則演算に加え次の計算です。

もし、これらを忘れてしまった人は、復習をしてください。

さらに、本文では　計算のコツ　や　ど忘れコーナー　を紹介していますので、それも参考にしてください。

必須数学■■■

四則混合／累乗／1次方程式／連立方程式／分数・小数／不等式・不等号／比例分配／2次方程式／最大公約数／最小公倍数

■■■対策その3●公式を使って解答する問題も多く出題

SPIに出題される項目の中に基本公式を使って解答する内容が多くあります。しっかり公式を確認して素早く解答できるようにします。

【公式を使う項目】

割合、濃度、速さ、売買損益、順列・組合せ、確率、仕事算

■■■対策その4●習うより慣れろ

SPI対策を「何から、どうやってよいのかわからない」とよく学生から質問されます。

対策本を闇雲に1冊購入し、難しい、わからないでは、スタートがきれません。上記のように出てくる数学や理科は、中学、高校の初期のものばかり、SPIの問題は一見すると難しく感じるように、大変うまく考えて出題してあります。

まずは、SPIの定番とされる問題を見てみましょう。そして、その解き方を忘れてしまっていたら、解き方をしっかりと理解します。本書はこの段階で使用するものです。そして、一通り解き方がわかったら問題演習に入ります。SPIは問題数を多く解いて慣れることが得点アップへの近道です。解説書や攻略本を何冊も読みあさっても、問題演習を怠っては得点アップは難しいのです。

■言語分野(検査Ⅰ)の対策

1●特徴は？

ペーパーテスティング検査では、制限時間は**30分で40問**が出題されます。

2●問題構成は？

「2語の関係」、「語の意味」などが25問と、「長文問題」の空欄補充、文章整序、主旨把握などが15問出題されます。

3●対策は？

■■■対策その1●時間配分が得点を左右する

2語の関係・語の意味・複数の意味などの短語句の問題は、得点源にしたいものですが、長文問題との時間のバランスを考えて、何分で解答するか、あらかじめ自分なりの目安を作っておくとよいでしょう。

■■■対策その2●「2語の関係」問題は記号で解決する

2語の関係問題は、早とちりは禁物です。この問題では、＞、＜、→、←などの記号を使い、**語句の関係をビジュアル化する**とよいでしょう。

■■■対策その3●「語の意味」問題は消去法を活用

語の意味を問う問題は、まず明らかに誤りの選択肢を消していく「消去法」を使います。もちろん、これは絶対的な方法ではありません。SPIの言語分野においての王道は、日頃からの語彙数を増やすことです。

■■■対策その4●長文問題は設問確認から始める

SPIの長文問題は、原則として**大問3題、小問各5問が一般的**です。1200字前後の文章で、**ジャンルは、説明・論説文が中心**です。やや難易度の高い文章と感じる人が多いかもしれません。文章全体を読むか、解答に必要そうな箇所だけを拾っていくか、どちらにしても、**まず、設問と選択肢の内容をざっと確認してから本文を読むのが原則**です。

Part 1

非言語分野

第❶回 割合で解く

1. 割合

文章題は、SPI試験では、最初の問題となることが多く、確実に得点したいものです。なかでも、割合の問題は比較的簡単なので、本番ではリラックスして取り組みましょう。

ここでやること

1 割合を求める   割合＝$\dfrac{それぞれの数}{母集団の数}$

2 分数を計算する $\dfrac{a}{b} \div \dfrac{c}{d} = \dfrac{a}{b} \times \dfrac{d}{c}$

分母と分子を入れ換え

3 方程式をつくる   式を変形し、$x=○$ という形に

　この問題では、**分数を使った基本的な計算問題ができるか、計算式の組み立てができるか** という能力が問われています。企業に入ると基本的な計算は必須となるので、必ずマスターしておかなければなりません。

　複雑な計算は少なく、簡単に解ける問題も含まれていますから、1問平均1分10秒を目標として解いてみましょう。

次の説明を読んで、問1～問3の設問に答えなさい。

ある人が本を読み始めた。

1日目に全体の$\frac{1}{4}$を読み、2日目にはその残りの$\frac{2}{5}$を読み、

3日目には207ページを読み、その本を読み終えた。

問1 2日目に読んだページ数は全体のどれだけにあたるか。

  A $\frac{1}{6}$ B $\frac{3}{10}$ C $\frac{8}{15}$ D $\frac{11}{20}$

  E $\frac{13}{30}$ F $\frac{18}{25}$ G $\frac{3}{4}$

  H　A～Gいずれとも違う

問2 2日目までに読んだページ数は全体のどれだけにあたるか。

  A $\frac{1}{6}$ B $\frac{3}{10}$ C $\frac{8}{15}$ D $\frac{11}{20}$

  E $\frac{19}{30}$ F $\frac{18}{25}$ G $\frac{2}{3}$

  H　A～Gいずれとも違う

問3 この本は全部で何ページだったか。

  A　398ページ   B　420ページ   C　436ページ

  D　460ページ   E　485ページ   F　500ページ

  G　534ページ   H　A～Gいずれとも違う

　この問題では、**問1**の答えを**問2**に利用し、**問2**の答えを**問3**に利用します。SPI試験では、このように、**前の設問と連動する設問が出題**されます。スピードアップのためにも、おおいに利用しましょう。

　割合に関する問題では、**与えられた割合が何に対するものなのか**をしっかりおさえておくことが大切です。また、割合が分数で与えられている問題では、**分数の足し算・引き算・掛け算・割り算が正しく、速くできること**がポイントとなります。それでは、設問に入りましょう。

ある人が本を読み始めた。

1日目に全体の$\frac{1}{4}$を読み、2日目にはその残りの$\frac{2}{5}$を読み、

3日目には207ページを読み、その本を読み終えた。

問1 2日目に読んだページ数は全体のどれだけにあたるか。

A $\frac{1}{6}$　　B $\frac{3}{10}$　　C $\frac{8}{15}$　　D $\frac{11}{20}$

E $\frac{13}{30}$　　F $\frac{18}{25}$　　G $\frac{3}{4}$

H A〜Gいずれとも違う

解法は

まず、問題を解く前に設問の文章をよく見てみましょう。

「〜は全体のどれだけにあたるか」とあります。これは、「全体を1として考えたとき、『〜』はいくつか求めよ」ということです。

POINT 1

ところで、この、全体を1と考える、という点は割合の問題の基礎です。

「○％」や「○割」など、**割合が出てきたら、まず、「何を1としたときの割合なのか」**ということをはっきりさせます。

では、今回の場合はどうでしょうか。設問の上の説明文を見てみましょう。

説明文には、

「1日目に全体の$\frac{1}{4}$を読み、2日目にはその残りの$\frac{2}{5}$を読み…」

とあります。

POINT 2

割合は、**線分図を使って考えるとわかりやすくなります。**説明文の内容を線分図に表すと、次のようになります。

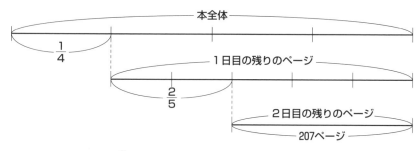

やってみよう

　それでは、実際に答えを求めていきましょう。「2日目」は、「1日目に読んだページの残りのページ数」の$\frac{2}{5}$ですから、まず、「1日目に読んだページの残りのページ数」の全体に対する割合を求めます。

　1日目は全体の$\frac{1}{4}$を読んだので、

$$1 - \frac{1}{4} = \frac{3}{4}$$

$\frac{3}{4}$ページの$\frac{2}{5}$が「2日目」に読んだページ数です。

ど忘れコーナー **1**	**分数の計算はどうやるの？**
	小学校で習った内容。正確に覚えておこう。

分数の足し算・引き算は、通分して分母をそろえてから計算する。通分するときは、分子にも、分母に掛けた数と同じ数をそれぞれ掛けるのを忘れないように。

分数の掛け算は、分子と分子、分母と分母を掛ける。割り算は、割る数の分母と分子を入れ換えたものを割られる数に掛ける。

$$\frac{a}{b} \div \frac{c}{d} = \frac{a}{b} \times \frac{d}{c} = \frac{ad}{bc}$$

分数は、約分できるときには約分しておく。約分は、分母と分子の最大公約数で分母と分子を割ること。

■覚えておこう
約分のしかた

$\frac{12}{18}$←最大公約数は6

$\frac{\overset{2}{12}}{\underset{3}{18}}$←分母も分子も6で割る

通分のしかた

$\frac{1}{3} + \frac{2}{5}$ ←最小公倍数は15

$\overset{\times 5 \quad \times 3}{\underset{\times 5 \quad \times 3}{\frac{1}{3} + \frac{2}{5}}} = \frac{5}{15} + \frac{6}{15}$

「ある数の何分のいくつ」というときは、「ある数」に割合を掛けてやります。したがって、ここでは、

$$\frac{3}{4} \times \frac{2}{5} = \frac{3 \times \overset{1}{\cancel{2}}}{\underset{2}{\cancel{4}} \times 5} = \frac{3}{10}$$

計算のコツ 答えが約分できるときには、必ず約分しておきましょう。

答えは

B になります（→分数の計算が苦手な人は、21ページの **ど忘れコーナー1** へ）。

問2 2日目までに読んだページ数は全体のどれだけにあたるか。

A $\frac{1}{6}$ B $\frac{3}{10}$ C $\frac{8}{15}$ D $\frac{11}{20}$

E $\frac{19}{30}$ F $\frac{18}{25}$ G $\frac{2}{3}$

H　A〜Gいずれとも違う

！解法は

「2日目までに」とあるので、ここで問われているのは、1日目と2日目を合計して読んだページ数の全体に対する割合です。

問1から2日目の読んだページ数は全体の$\frac{3}{10}$、1日目は全体の$\frac{1}{4}$です。その合計が2日間に読んだ総ページ数となります。今回は足し算だけです。このように、前の設問の答えを利用してスピードアップをしましょう。

やってみよう

計算式は次のようになります。通分してから計算するのを忘れずに！

$$\frac{1}{4} + \frac{3}{10} = \frac{5}{20} + \frac{6}{20} = \frac{11}{20}$$

答えは

D ですね。

問3 この本は全部で何ページだったか。

A	398ページ	B	420ページ	C	436ページ
D	460ページ	E	485ページ	F	500ページ
G	534ページ	H	A〜Gいずれとも違う			

解法は

POINT 3

この設問では、具体的なページ数は、3日目に読んだ「207ページ」のみです。そこで、この「207ページ」が全体のどれくらいにあたるのかを求めます。

問2から2日目までに読み終えているのは$\dfrac{11}{20}$なので、3日目に読んだページ数の全体に対する割合は$1 - \dfrac{11}{20} = \dfrac{9}{20}$　つまり、$\dfrac{9}{20}$が207ページにあたりますね。**求める本の総ページをx（ページ）**　とすると、$x \times \dfrac{9}{20} = 207$となります。

次のような線分図をかくとわかりやすくなります。

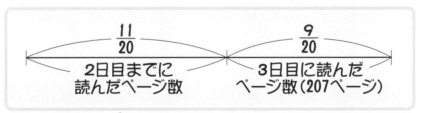

やってみよう

$x \times \dfrac{9}{20} = 207$を$x$について解いて、

$x = 207 \times \dfrac{20}{9} = 460$（ページ）

答えは

Dになります。

ポイントのまとめ
割 合

POINT 1
何に対する割合なのか、おさえる。

割合の問題は1（母集団）をどこにおくかがポイント。

母集団が異なるものがあるので、問題をよく読んで、問われている割合はどれに対するものなのかをしっかり見極めよう。

POINT 2
線分図をかいてみよう!

割合の問題は線分図にかいてみるとわかりやすくなる。

POINT 3
方程式をつくろう!

わからない箇所をxなどとおき、方程式を組み立てる。

$$割合 = \frac{それぞれの数}{母集団の数}$$

となることに注目しよう。

移項するときは、符号を次のように直す。

$+ \rightarrow -$

$- \rightarrow +$

$\times \rightarrow \div$

$\div \rightarrow \times$

類題にトライ Let's TRY!
やり方がわかったところで、忘れないうちにもう一度!

次の説明を読んで、問1〜問3の設問に答えなさい。

ある企業が銀行からの借入金の返済計画を次のように立てた。

第1回　返済額…借入総額の$\frac{2}{5}$

第2回　返済額…借入残高の$\frac{1}{3}$

第3回　返済額…借入残高、全額

問1　第2回の返済額は借入総額の何%か。

A	13.3%	B	15%	C	20%
D	33.3%	E	46.6%	F	73%

問2　第2回の返済がすんだ時点での返済額は借入総額の何%か。

A	20%	B	33.3%	C	50%
D	52.6%	E	60%	F	73.3%

問3　第3回の返済額は1200000円であった。借入総額はいくらか。

A	2400000円	B	3000000円	C	3800000円
D	5200000円	E	6000000円	F	7200000円

◆答え：**問1**　C　　**問2**　E　　**問3**　B

◆解説：**問1**　第1回の返済終了時点で、全体の$1-\frac{2}{5}=\frac{3}{5}$が借入残高。今回の返済はその$\frac{1}{3}$なので、$\frac{3}{5}\times\frac{1}{3}=\frac{1}{5}$　選択肢は%表示より、$1\div5=0.2\rightarrow20\%$

問2　第1回と第2回の合計の割合より、$\frac{2}{5}+\frac{1}{5}=\frac{3}{5}$

$3\div5=0.6\rightarrow60\%$

問3　第2回の返済終了時点で、借入残高は全体の$1-\frac{3}{5}=\frac{5}{5}-\frac{3}{5}=\frac{2}{5}$　その$\frac{2}{5}$が1200000円より、借入総額をx(円)とすると、

$\frac{2}{5}x=1200000$(円)　　$x=1200000\times\frac{5}{2}=3000000$(円)

次の説明を読んで、問1～問3の設問に答えなさい。

あるスポーツクラブの会員を調査したら、市内在住の会員が75％、そのうち女性が70％だった。また、会員全体の女性の割合は60％だった。

問1 市内在住の女性会員は会員全体の何％か。

A 45％	B 46.5％	C 50.6％	D 52.5％
E 57.5％	F 58％	G 58.6％	H 59.3％

問2 市外在住の男性会員は会員全体の何％か。

A 5％	B 6.5％	C 10.5％	D 12％
E 17.5％	F 22.5％	G 58.6％	H 59.3％

問3 市内在住の男性会員数が450人であった。スポーツクラブの全体会員数は何人か。

A 680人	B 1200人	C 1800人
D 2000人	E 2280人	F 3200人

◆答え：**問1** D **問2** E **問3** D

◆解説：**問1** 市内在住の会員が75％を占めその70％が女性なので、下の図の④の部分がそれにあたる。

市内在住 全体75%		市外在住 全体25%	
男性会員 30% ⑦		男性会員 ⑦	男性全体40%
女性会員 70% ④		女性会員 ④	女性全体60%

よって、

$$\overset{3}{75\%} \times \frac{70}{\underset{4}{100}} = 52.5\%$$

問2 会員全体に対する女性の割合が60％で、**問1**より市内の女性会員の割合が52.5％だから、市外の女性会員（上の図の④の部分）の割合は

60％ － 52.5％ ＝ 7.5％

よって、市外在住の会員の割合は全体の25％だから、市外在住の男性会員（上の図の⑦の部分）の割合は、25％ － 7.5％ ＝ 17.5％

問3 **問1**より市内在住の男性会員（上の図の⑦の部分）の全体に対する割合は

$$75\% - 52.5\% = 22.5\% \quad (または、75\% \times \frac{30}{100} = 22.5\%)$$

よって、市内在住の男性会員数が450人だから、全体会員数は

$$450 \div \frac{22.5}{100} = \overset{20}{450} \times \frac{100}{\underset{1}{22.5}} = 2000（人）$$

次の説明を読んで、問１〜問２の設問に答えなさい。

ある学校において学生の出身地を調査したところ、県内出身者が70%であり、その男女の比は３：２だった。また、県外出身者の男女比は５：１であった。

問1 県内出身者の男子学生数は420人であった。学校全体の学生数は何人か。

A　750人　　　B　770人　　　C　800人　　　D　820人
E　900人　　　F　960人　　　G　1000人　　　H　1200人

問2 また、女子学生のうち県外出身者の割合は何%か。
なお、必要な時は、最後に小数点以下第２位を四捨五入せよ。

A　15.2%　　　B　18.5%　　　C　20.3%　　　D　22.6%
E　22.8%　　　F　25.4%　　　G　28.1%　　　H　30.4%

◆答え：**問1**　G　　**問2**　A
◆解説：**問1**　設問条件を図にする

県内出身者の男女比率は３：２なので、両方を足して $3＋2＝5$

よって、県内出身者の $\dfrac{3}{5}$ が男子で、その人数が420人である。

全体の学生数をx人として方程式をつくる。

$$x \times \frac{70}{100} \times \frac{3}{5} = 420 \qquad x \times \frac{7}{10} \times \frac{3}{5} = 420$$

$$\frac{21}{50}x = 420 \qquad x = 420 \times \frac{50}{21} = 1000（人）$$

問2　県外出身者数は**問1**より、$1000 \times \dfrac{30}{100} = 300（人）$

県外出身者の男女比が５：１なので、

県外出身の女子数は、$300 \times \dfrac{1}{5+1} = 300 \times \dfrac{1}{6} = 50（人）$

また、県内出身の女子数は、$1000 - 300 - 420 = 280（人）$

＜別解＞ $1000 \times \dfrac{70}{100} \times \dfrac{2}{5} = 280（人）$

よって、女子学生のうち県外出身者は

$$\frac{50}{280+50} \times 100 = \frac{50}{330} \times 100 = 15.15 \rightarrow 15.2（％）$$

2. 分割払い

割合の問題と同様に分数式を使った計算問題で、一定期間に支払った時点での残金やその残金に関する割合を求めたりします。

ここでやること

1 割合を求める

$$割合 = \frac{それぞれの数}{母集団の数}$$

2 通分計算をする

$$\frac{b}{a} \pm \frac{d}{c} = \frac{b \times c}{a \times c} \pm \frac{a \times d}{a \times c} = \frac{b \times c \pm a \times d}{a \times c}$$

通分する

3 均等額を求める

均等額＝
支払額÷支払回数

　この問題も下の例のように○○の△△に対する割合を理解する　ことが鍵になります。**出題自体は複雑ではありません。**ですから、シッカリ得点したい問題です。ここでも、分数の計算がポイントになりますから、その復習が必要です。目標時間を１問１分として解いてみましょう。

　（例）　４の２に対する割合 → $\frac{4}{2}$ で計算して２倍

まず問題を見る 次の説明を読んで、問１〜問２の設問に答えなさい。

ある会社が土地を購入するにあたり、購入総額の$\frac{1}{4}$を手付金として支払った。受け渡し時に購入総額の$\frac{2}{5}$を支払った。なお、分割に対する利息などは考慮しない。

問1 支払い残高は購入総額のどれだけの割合にあたるか。

A $\frac{1}{4}$ 　　B $\frac{1}{2}$ 　　C $\frac{7}{20}$ 　　D $\frac{13}{20}$

E $\frac{3}{4}$ 　　F $\frac{4}{5}$

問2 支払い残高を20回の均等払いにした場合、12回目を支払った後、今までの支払い総額は購入総額のどれだけの割合にあたるか。

A $\frac{14}{25}$ 　　B $\frac{17}{25}$ 　　C $\frac{43}{50}$ 　　D $\frac{77}{100}$

E $\frac{79}{100}$ 　　F $\frac{21}{25}$

GUIDE

　割合が分数で表記されたこの種の問題では、**全体を１と考えることが基本**になります。

　問１では、２つの分数（割合）が示されていますが、**どちらも母集団は購入総額（全体）です。**したがって、受け渡し時までに支払った額の割合は足し算で求められますから、全体の１から引けば、残額が計算できます。

　問２では、まず１回あたりの均等額を残金÷支払い回数　で計算し、次に支払残高の購入総額に対する割合を計算します。ただし、**購入総額に対する割合は÷１で計算**　しますから、結果に変化はありませんので省略できます。

問われているのは

この設問では、一定期間支払った後の残金の購入総額に対する割合が問われています。**全体を表す割合は1**ですから、そこから支払った金額の割合を引いて求めましょう。

解法は

問題を読むと、求めるものはどれも「○○は購入総額のどれだけにあたるか」とあります。コレは、「全体を1として考えたとき、○○はいくつになるか」ということです。

POINT 1

問題に示された割合はどれも、**母集団が購入総額**です。

購入総額の$\frac{1}{4}$は手付金で支払い、受け渡し時に購入総額の$\frac{2}{5}$を支払っています。どちらも購入総額に対する割合ですから、受け渡し時までに支払った額の割合は両方を足せば求められます。

POINT 2

この関係を、**購入総額を1**として線分図で表してみましょう。

←―――― 購入総額 1 ―――――→		
$\frac{1}{4}$	$\frac{2}{5}$	？
手付金	受け渡し時の支払金	

やってみよう

① 手付金の割合は、 $\dfrac{1}{4}$

② 受け渡し時の支払金の割合は、 $\dfrac{2}{5}$

①と②の支払額の割合を合計すると、

$$\dfrac{1}{4} + \dfrac{2}{5} = \dfrac{5}{20} + \dfrac{8}{20} = \dfrac{13}{20}$$

計算のコツ 通分は各分数の分母の最小公倍数にするが、見つからなければ「各分母を掛けあわせた数」を共通分母にして計算すればいい。

もうひといき

　ここで終わりではありません。求めるのは支払額の割合ではなく、「支払い残高は購入総額のどれだけか」です。したがって、**購入総額（全体）の購入総額に対する割合は1**　ですから、上で求めた $\dfrac{13}{20}$ を1から引いたものが求める割合になります。

$$1 - \dfrac{13}{20} = \dfrac{20}{50} - \dfrac{13}{20} = \dfrac{7}{20}$$

ここに注目

　購入総額に対する割合は「求めた数値÷1」の計算が必要ですが、結果は「求めた数値」と同じですから省略しています。

答えは

　Cになりますね。

支払い残高を20回の均等払いにした場合、12回目を支払った後、今までの支払い総額は購入総額のどれだけの割合にあたるか。

A $\dfrac{14}{25}$　　B $\dfrac{17}{25}$　　C $\dfrac{43}{50}$　　D $\dfrac{77}{100}$

E $\dfrac{79}{100}$　　F $\dfrac{21}{25}$

問われているのは

12回目までに支払った支払総額の割合が問われています。**問1**の結果を利用することになります。

解法は

POINT 2

設問の意味を下のように線分図に表してみましょう。解法の糸口や手順がスムーズに見つかります。

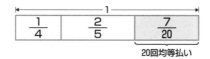

ここに注目

次にあげた基本公式をしっかりと覚えておきましょう。

1回あたりの均等額＝残金÷支払い回数

受け渡し後の支払い残高を支払い回数で割れば、均等払い1回あたりの額が求められます。

やってみよう

支払い残高の割合は**問1**より$\frac{7}{20}$で、支払い回数は20回ですから、1回あたりの額の割合は

$$\frac{7}{20} \div 20 = \frac{7}{20} \times \frac{1}{20} = \frac{7}{400}$$

計算のコツ　「÷整数」の計算は、「×$\frac{1}{整数}$」に変えると計算しやすい。

したがって、12回目までに支払った分割金の割合は

$$\frac{7}{\underset{100}{400}} \times \overset{3}{12} = \frac{21}{100}$$

もうひといき

　求めるのは12回目までに支払った分割金の割合ではなく、それまでに支払った総額の割合です。ですから、上で求めた割合に、受け渡し時までに支払った割合を足さなければなりません。

$$\frac{1}{4} + \frac{2}{5} + \frac{21}{100} = \frac{13}{20} + \frac{21}{100} = \frac{65}{100} + \frac{21}{100} = \frac{86}{100} = \frac{43}{50}$$

答えは

Cになりますね。

ポイントのまとめ
分割払い

POINT 1
何に対する割合なのか、おさえる。

割合の問題は1（母集団）をどこにおくかがポイント。

母集団が異なるときがあるので、問題をよく読んで、問われている割合はどれに対するものなのかをしっかり見極めよう。

ここに注意

「購入総額に対する割合」を求める場合は「÷1」の計算を省略して良いが、次の問題のように「他の金額に対する割合」を求める場合は要注意！

ある夫婦が世界一周ツアーに参加することになり、契約時に旅行代金の総額の $\frac{2}{15}$ を払った。また、旅行直前に総額の $\frac{1}{3}$ を支払い、残金は旅行後に支払うことにした。残金は契約時に支払った額のどれだけにあたるか。手数料、利息は考えないとする。

《解き方》 題意を、線分図に表してみよう。

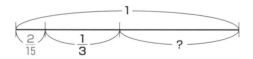

残金の割合を求めると、 $1 - \frac{2}{15} - \frac{1}{3} = \frac{8}{15}$

求めるの値は「契約時に支払った額に対する割合」だから、

$$\frac{8}{15} \div \frac{2}{15} = \frac{8}{15} \times \frac{15}{2} = 4 \text{（倍）}$$

POINT 2
線分図をかいてみよう！

割合の問題は線分図にかいてみるとわかりやすくなる。

類題にトライ
やり方がわかったところで、
忘れないうちにもう一度！

Let's TRY!

第1回

割合で解く

2 分割払い

次の説明を読んで、問1、問2の設問に答えなさい。

ある人がバイクを購入することになり、契約時に頭金として購入総額の$\frac{1}{4}$を支払い、残金は10回の均等払いにすることにした。ただし、手数料、利息は考えないこととする。

問1 均等に支払う1回分の金額は、購入総額のどれだけの割合にあたるか。

A $\frac{3}{40}$　　B $\frac{1}{2}$　　C $\frac{7}{20}$　　D $\frac{9}{40}$　　E $\frac{3}{4}$　　F $\frac{4}{5}$

問2 均等払いを4回終えた時点の残金は、購入総額のどれだけの割合にあたるか。

A $\frac{1}{4}$　　B $\frac{1}{2}$　　C $\frac{9}{20}$　　D $\frac{13}{20}$　　E $\frac{3}{4}$　　F $\frac{4}{5}$

◆答え：**問1** A　　**問2** C

◆解説：**問1** 均等払いにする残金は全体の1から頭金を引いて、$1-\frac{1}{4}=\frac{3}{4}$

均等払い1回分の金額の割合は残金の割合$\frac{3}{4}$を10で割り、

$$\frac{3}{4}\div10=\frac{3}{4}\times\frac{1}{10}=\frac{3}{40}$$

問2 均等払い1回分の金額の割合は**問1**より$\frac{3}{40}$だから、

均等払いを4回終えた時点までに支払った分割金の割合は

$$\frac{3}{40}\times4=\frac{3}{10}$$

ゆえに、頭金と支払った分割金の合計額の割合は

$$\frac{1}{4}+\frac{3}{10}=\frac{5}{20}+\frac{6}{20}=\frac{11}{20}$$

よって、求める残金の割合は

$$1-\frac{11}{20}=\frac{9}{20}$$

3. 割引き

点取りやすさ
★★★★★

割引きの問題はＳＰＩテストセンターでよく出題され、か
つ、計算は簡単ですから必ず正解したいです。「○人を超
えた人数分が△％引き」のように割引対象者に注意するこ
とが鍵になります。

ここでやること

1 公式を覚える
割引料金＝通常料金
×（１－割引率）

2 範囲に注意する
「○人を超えた人数分が△％引
き」と「○人を超えたら△％引
き」の違いに注意。前者は「超
えた人数分だけ」が対象になる。

3 割合関係をチェック
割合計算は小数や分
数で
（例）10％＝1割＝0.1＝$\frac{1}{10}$

　割引きの問題は公式さえ覚えていれば問題自体はやさしい　ですから、**割引対象
者の人数を正確に求められるか**　につきます。

　その際、「○人を超えた人数」を計算しますが、例えば、101人から150人が対象者
なら、150－100＝50（人）が対象人数になります。

　また、割引範囲が2区分、3区分にわたっての出題がほとんどですから、**線分図
などをかいて問題を整理する**　と、ケアレスミスを防ぐことができます。

まず問題を見る **次の設問に答えなさい。**

ある試験を団体受験で申し込むと割引制度がある。通常の受験料は3000円であるが、100人を超えた人数分は10%引きになり、500人を超えた人数分は20%引きになる。

550名の団体申込みをする場合、受験料金の総額はいくらか。

A　300000円　　　B　500000円　　　C　850000円
D　1000000円　　E　1250000円　　F　1500000円
G　1750000円　　H　2000000円

この問題では、**料金が3区分で違って**　きます。割引料金を求めるには**基本公式にあては**　めれば計算できます。ですから、その区分に入る対象人数をそれぞれ正確に求めることが最も大事になります。

問われているのは

550名の団体申し込みをする場合の受験料金の総額が問われています。

①100人までは通常料金、②（100人を超えた）101人から500人までは10%引き、③（500人を超えた）501人から550人までは20%引きです。

まず、①、②、③の**3区分の料金総額を求め**　ましょう。

解法は

POINT 1

問題を線分図で表し　てみましょう。解法手順のイメージがつかめます。

POINT 2

割引きの問題は次の**基本公式**にあてはめれば、必ず解くことができます。しっかりと覚えておきましょう。

割引料金＝通常料金×（1－割引率） …公式(ア)

料金総額＝1人分料金×人数 …公式(イ)

POINT 3

基本公式を使って、**3区分**について料金総額をそれぞれ求めましょう。

やってみよう 👆

まず、**3区分に入る人数**を求めます。

① 100人

② 101人から500人だから、$500 - 100 = 400$（人）

③ 501人から550人だから、$550 - 500 = 50$（人）

> **計算のコツ** 割引対象者はカウント上「101人から」だが、計算上は「100人」で計算することになる。

次に、**公式(ア)**を使って、**3区分の1人分の受験料金**を求めます。

① 通常料金だから、3000円

② 10％引きだから、$3000 \times (1 - 0.1) = 2700$（円）

③ 20％引きだから、$3000 \times (1 - 0.2) = 2400$（円）

> **計算のコツ** ％表記を小数か分数表記に換えて、計算する。

そして、**公式(イ)**を使って、**3区分の受験料金**を求めます。

① $3000 \times 100 = 300000$（円）

② $2700 \times 400 = 1080000$（円）

③ $2400 \times 50 = 120000$（円）

もうひといき 💨

求めるのは**受験料金の総額**です。

$300000 + 1080000 + 120000 = 1500000$（円）

答えは 🎯

Fということになります。

ポイントのまとめ
分割払い

POINT 1
線分図をかいてみよう!

割合の問題は線分図にかいてみるとわかりやすくなる。

POINT 2
基本公式をおさえる!

割引きの問題では、次の公式を必ず使う。覚えておこう。

割引料金＝通常料金×（1－割引率）

料金総額＝1人分料金×人数

POINT 3
場合分けして式をつくる!

いくつかの割引料金設定がある場合、いきなり設問を解いていくより、割引きの範囲にしたがってそれぞれの料金を求めると、解き方が整理され計算も楽になる。

ここに注目

割合を含む計算では、割合を小数や分数に換えます（下の表を参考）。

分数	小数	％	割一分一厘
1/1	1	100	10割
3/4	0.75	75	7割5分
3/5	0.6	60	6割
1/2	0.5	50	5割
2/5	0.4	40	4割
1/4	0.25	25	2割5分
1/5	0.2	20	2割
1/8	0.125	12.5	1割2分5厘

次の説明を読んで、問1、問2の設問に答えなさい。

ある美術館の入館料は、通常は大人1人2500円だが学生団体には割引制度がある。100人以下の場合は通常料金の5%引き、100人を超えた人数分は10%引きになり、300人を超えた人数分は20%引きになる。

問1 180名の団体で入館する場合、その総額はいくらか。

A	355000円	B	381500円	C	384500円	D	400000円
E	417500円	F	450000円	G	475500円	H	500000円

問2 500名の団体で入館する場合、1人あたりの金額を均一にするといくらになるか。

A	2040円	B	2175円	C	2225円	D	2380円
E	2450円	F	2475円	G	2470円	H	2515円

◆答え：**問1** E　　**問2** B

◆解説：**問1** 割引制度にそって、2つの区分の団体金額をそれぞれ求める。

①100人まで（5%引きの金額）

$2500 \times (1 - 0.05) \times 100$人$= 237500$（円）

②101～180人（10%引きの金額）

2500円$\times (1 - 0.1) \times (180$人$- 100$人$) = 180000$（円）

よって、総額は

$237500 + 180000 = 417500$（円）

問2 割引制度にそって、3つの区分の団体金額をそれぞれ求める。

①100人まで（5%引きの金額）

$2500 \times (1 - 0.05) \times 100$人$= 237500$（円）

②101～300人（10%引きの金額）

$2500 \times (1 - 0.1) \times (300$人$- 100$人$) = 450000$（円）

③301～500人（20%引きの金額）

$2500 \times (1 - 0.2) \times (500$人$- 300$人$) = 400000$（円）

よって、総額は

$237500 + 450000 + 400000 = 1087500$（円）

求めるのは1人あたりの均一金額だから、

$1087500 \div 500$人$= 2175$（円）

次の説明を読んで、問1、問2の設問に答えなさい。

ある旅館の宿泊料は大人1人あたり通常1泊8000円である。 連泊すると割引きになり7泊目から10%引き、15泊目からは20%引きになる。

問1 10日間連泊すると1日あたりはいくらか。

A 6800円　　B 6950円　　C 7020円　　D 7150円
E 7500円　　F 7550円　　G 7680円　　H 7800円

問2 宿泊料金の合計が144000円のとき、全部で何泊したか。

A 10日　　B 12日　　C 15日　　D 18日
E 19日　　F 20日　　G 24日　　H 27日

◆答え：**問1** G　　**問2** F

◆解説：**問1** 連泊制度にそって、2つの区分の宿泊料金をそれぞれ求める。

宿泊料金＝1泊料金×宿泊日数より、

①1〜6日間　通常料金（6日間）

$8000 \times 6 = 48000$（円）

②7〜10日間　10%引き（4日間）

$8000 \times (1 - 0.1) \times 4 = 28800$（円）

求めるのは1日あたりの金額だから、合計金額の平均を求める。

$(48000 + 28800) \div 10 = 7680$（円）

問2 割合区分の最大日数の料金を求め、合計金額の144000円と比べながら順次計算する。

①1〜6日間　通常料金（6日間）

$8000 \times 6 = 48000$（円）

②7〜14日間　10%引き（8日間）

$8000 \times (1 - 0.1) \times 8 = 57600$（円）

①と②より、14日間の宿泊料金の額は

$48000 + 57600 = 105600$（円）

144000円≧105600円　だから、宿泊日数は15日以上になる。

また、15泊目からは20%引きになるから、1泊料金は

$8000 \times (1 - 0.2) = 6400$（円）

よって、宿泊料金の残金をこの6400円で割れば、15日以降の宿泊日数が求められる。

$(144000 - 105600) \div 6400 = 6$（日）

したがって、求める合計日数は

$6 + 8 + 6 = 20$（日）

4. 仕事算

点取りやすさ
★★★★★

仕事算は、1人1人の1日の仕事量などから仕事の全体量や仕事を終えるのにかかる日数を求める、割合算として出題されることが多いです。

1 仕事量を表す
$$仕事量＝\frac{1}{所要日数}$$

2 分数を計算する
$$\frac{1}{a}+\frac{1}{b}=\frac{b+a}{a\times b} \leftarrow \text{通分する}$$

3 日数を求める
$$所要日数＝\frac{1}{仕事量}$$

　仕事算は、企業において身近にある仕事量を使って、**割合などの数的計算がいかに速くできるか**　を試すために出題されていると思われます。

　SPI試験において、この手の問題は出題頻度が低いのですが、問題に慣れていれば、短時間で解くことができるため、確実に点数をかせぐことができます。

　ここでの学習を通じて、**基本公式の意味を十分に理解しておきましょう。**目標時間は1問1分です。

次の説明を読んで、
問1〜問3の設問に答えなさい。

ある仕事をするのに、X１人では10日、Y１人では12日、Z１人では15日
かかる。

問1 ３人いっしょに仕事をしたら、何日で終わるか。

A　３日　　　B　４日　　　C　６日
D　８日　　　E　９日　　　F　10日

問2 X、Zの２人では仕事を終えるのに何日かかるか。

A　３日　　　B　４日　　　C　６日
D　８日　　　E　９日　　　F　10日

問3 ３人で３日働いた後、残りをX１人でやった。Xは全部で
何日働いたか。

A　1.3日　　B　2.5日　　C　3.5日
D　3.7日　　E　4.3日　　F　5.5日

実際の仕事では、日によって仕事量は変化しますよね。しかし、仕事算の
場合、毎日の仕事量は等しいという暗黙の了解があります。つまり、全体の
仕事を１とすると、10日で仕事を終えた場合、10日間同じ量の仕事をして１
になるということになり、**１日の仕事量は１を10で割った値** で表されます。

この問題では、最初に、X、Y、Zの１日の仕事量が全体の仕事量に占め
る割合をそれぞれ考えてみましょう。さらに、２人で仕事をした場合は、**２
人が１日に行った仕事量はそれぞれの１日の仕事量の和になる** ということ
がわかれば、スムーズに問題が解けるはずです。

それでは設問に取り組んでみましょう。

問1 3人いっしょに仕事をしたら、何日で終わるか。

A　3日　　B　4日　　C　6日
D　8日　　E　9日　　F　10日

問われているのは

　この設問では、X、Y、Z 3人が同時に働いた場合にかかる日数が問われています。まず、X、Y、Zそれぞれの1日の仕事量を求めましょう。

ここに注目 🚩

　次にあげた基本公式をしっかり覚えておきましょう。

$$それぞれの人の1日（1時間）の仕事量 = \frac{1}{所要日数（時間）}$$

$$全体の仕事日数 = \frac{1}{それぞれの人の1日の仕事量の和}$$

解法は

● POINT 1

　まずは、最初の公式について考えてみましょう。

$$それぞれの人の1日（1時間）の仕事量 = \frac{1}{所要日数（時間）} \quad \cdots\cdots 公式(ア)$$

　説明文に「ある仕事をするのに、X 1人では10日」とあるので、Xの1日の仕事量は全体の仕事量（1）に対して$\frac{1}{10}$、10日で1になることがわかります。

ある仕事の全体1

$\frac{1}{10}$	$\frac{1}{10}$	$\frac{1}{10}$	$\frac{1}{10}$	$\frac{1}{10}$	$\frac{1}{10}$	$\frac{1}{10}$	$\frac{1}{10}$	$\frac{1}{10}$	$\frac{1}{10}$
1日目	2日目	3日目	……………						

次は、全体の仕事日数 $= \dfrac{1}{\text{それぞれの人の1日の仕事量の和}}$ ……公式㋑

について考えましょう。

複数の人で行う場合、1日の仕事量はそれぞれの人の1日の仕事量の和で表されます。たとえば、次のような場合、全体の仕事量を1とすると

ある人が4日かかるとき、この人の1日の仕事量は $\dfrac{1}{4}$

また別の人も4日かかるとき、この人の1日の仕事量も $\dfrac{1}{4}$

2人で1日 $\dfrac{1}{4} + \dfrac{1}{4} = \dfrac{2}{4}\left(= \dfrac{1}{2}\right)$ の仕事量となりますね。

したがって、この2人が仕事をした場合、

全体の仕事日数 $= 1 \div \dfrac{1}{2} = 1 \times 2 = 2$（日）

（➡分数の計算が心配な人は、21ページの **ど忘れコーナー1** へ）

設問の場合、まずX、Y、Z 3人の1日の仕事を**公式㋐** を使って求め、さらに**公式㋑** を利用して、仕事にかかる日数を求めます。

やってみよう

まず、**公式㋐** を使って、X、Y、Zの1日の仕事量を求めましょう。

$$X \cdots \dfrac{1}{10} \qquad Y \cdots \dfrac{1}{12} \qquad Z \cdots \dfrac{1}{15}$$

次にX、Y、Zがいっしょに仕事をしたときの1日の仕事量は

$$\dfrac{1}{10} + \dfrac{1}{12} + \dfrac{1}{15} = \dfrac{6}{60} + \dfrac{5}{60} + \dfrac{4}{60} = \dfrac{15}{60} = \dfrac{1}{4} \quad \cdots\cdots①$$

さらに、**公式㋑** を利用すると、仕事にかかる日数は

$$1 \div \dfrac{1}{4} = 1 \times \dfrac{4}{1} = 4$$（日）

答えは

Bですね。

問2 X、Zの2人では仕事を終えるのに何日かかるか。

A	3日	B	4日	C	6日
D	8日	E	9日	F	10日

解法は

問1と同じように考えましょう。まず、XとZがいっしょに仕事をしたときの1日の仕事量を求めればいいですね。

やってみよう ☞

Xの1日の仕事量は$\dfrac{1}{10}$、Zの1日の仕事量は$\dfrac{1}{15}$より、2人がいっしょに仕事をしたときの1日の仕事量は

$$\frac{1}{10}+\frac{1}{15}=\frac{3}{30}+\frac{2}{30}=\frac{5}{30}=\frac{1}{6}$$

この値を**公式(イ)**に代入すると、

$$1\div\frac{1}{6}=1\times\frac{6}{1}=6\,(日)$$

答えは ◎
C ですね。

問3 3人で3日働いた後、残りをX1人でやった。Xは全部で何日働いたか。

A	1.3日	B	2.5日	C	3.5日
D	3.7日	E	4.3日	F	5.5日

解法は

今度は少し難しい問題です。

POINT 2

全体の仕事量を 1 とすると、**問 1** の式①で、X、Y、Z 3 人がいっしょに働いた場合の 1 日の仕事量を求めましたよね。

ここでは、3 日間は 3 人で働き、その後は X が 1 人で働いています。

3 人で働いた 3 日間の仕事量は、$\frac{1}{4} \times 3 = \frac{3}{4}$ となるので、残りの仕事量は

$$1 - \frac{3}{4} = \frac{1}{4}$$

ここで、**公式(イ)** を変形すると、

1 日の仕事量 × 全体の仕事日数 = 1

となります。上の式の 1 は全体の仕事量を表しています。この場合、1 日に全体の $\frac{1}{10}$ のペースで仕事をする X が、**残りの仕事量を行うのにかかる日数を求める** ので、1 を $\frac{1}{4}$ に置き換えて、かかる日数を x(日)とします。

やってみよう

$$\frac{1}{10} \times x = \frac{1}{4} \qquad x = \frac{1}{4} \div \frac{1}{10} = \frac{1}{4} \times \frac{10}{1} = \frac{10}{4} = 2.5(日)$$

もうひといき
POINT 3

「そうか、答えは2.5日だ」と早合点しないように。**求めるのはのべ日数**なので、3 人で働いた 3 日間を足さなければなりません。

$$2.5 + 3 = 5.5(日)$$

答えは

F ということになります。

ポイントのまとめ POINT!
仕事算

POINT 1
基本公式をおさえる！

全体の仕事量を1としたとき（この出題が多い）

$$1日（1時間）の仕事量 = \frac{1}{所要日数（時間）}$$

$$全体の仕事日数（時間） = \frac{1}{それぞれの人の1日（1時間）の仕事量の和}$$

POINT 2
どこの仕事量を計算するかを考える。

全体の仕事ではなく、残りの仕事に対する日数を求める設問もあるので、分子が1ではなく分数になることもある。

POINT 3
何を求めるのか、確認する！

問3で問われているのは、残りの仕事を行う日数ではなく、Xが働いたのべ日数である。このように、計算して出た答えがそのまま解答とならないことも多い。問題をよく読んで何を答えればいいかよく考えよう。

類題にトライ Let's TRY!

やり方がわかったところで、
忘れないうちにもう一度！

次の説明を読んで、問1、問2の設問に答えなさい。

ある空の水槽を満たすにはX管では18分間、Y管では27分間かかる。また、満水のその水槽を空にするにはZ管で45分間かかる。

問1 X管とY管の両方で空の水槽を満たすにはどれだけかかるか。

A 6.4分 B 6.9分 C 7.3分
D 8.5分 E 9.6分 F 10.8分

問2 X管とZ管を同時に10分間使用し、その後Y管1本で水槽に水を入れた。空の水槽を満たすには全部でどれだけかかるか。

A 15分 B 18分 C 22分
D 28分 E 36分 F 42分

◆答え：**問1** F **問2** D

◆解説：**問1** 水槽の全容量を1とすると、1分間の入水量は、X管…$\frac{1}{18}$、Y管…$\frac{1}{27}$である。

だから、両管による1分間の入水量は、

$$\frac{1}{18}+\frac{1}{27}=\frac{27}{18\times27}+\frac{18}{18\times27}=\frac{27+18}{18\times27}=\frac{45}{486}$$

よって、$1\div\frac{45}{486}=1\times\frac{486}{45}=10.8$（分）

問2 Z管の1分間の排水量は$\frac{1}{45}$なので、X管とZ管を同時に1分間使用すると、

$$\frac{1}{18}-\frac{1}{45}=\frac{45}{18\times45}-\frac{18}{18\times45}=\frac{27}{810}=\frac{1}{30}（入水）$$

ゆえに、10分間使用すると、

$$\frac{1}{\overset{3}{\cancel{30}}}\times\cancel{10}=\frac{1}{3}（入水）$$

また、残りの$1-\frac{1}{3}=\frac{2}{3}$はY管1本で入れるので、その使用時間は

$$\frac{2}{3}\div\frac{1}{27}=\frac{2}{3}\times\overset{9}{\cancel{27}}=18（分）$$

よって、最初の10分間を足して全部で、

$10+18=28$（分）

第2回 文字式で解く

1. 濃度

点取りやすさ
★★★★

ここで出される問題は、与えられた数値を使って、食塩水の濃度、食塩の重さや水の重さを求めるというものです。今回は次のようなことをやっていきましょう。

ここでやること

1 **公式を覚える**　濃度 $= \dfrac{食塩}{食塩水} \times 100$

2 **公式を変形**　食塩の重さは？
　食塩水の重さは？

3 **図をかく**

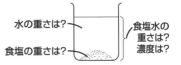

水の重さは？
食塩の重さは？
食塩水の重さは？
濃度は？

　SPI試験の「濃度」で扱われるのは、小学生の頃やった食塩水の問題です。おそらくやった思い出があると思います。ですから、濃度は小学生レベルの計算で解くことができるはずです。濃度・食塩の重さ・水の重さ、この3つの関係がわかっていれば簡単な問題だということになります。

　このような問題を解くには、**濃度・食塩の重さ・水の重さの関係を式にして**　理解しておく必要があります。

　濃度の問題は、1問1分10秒を目標にして取り組んでいきましょう。

次の問１～問３の設問に答えなさい。

問1 食塩30gと水145gを使って食塩水をつくった。食塩水の濃度は何%か（必要であれば、最後に小数点以下第２位を四捨五入せよ）。

A　15%　　B　16.5%　　C　17.1%
D　18%　　E　19.8%　　F　20%

問2 12%の食塩水が300ｇある。この食塩水中には食塩が何ｇ入っているか。

A　35ｇ　　B　36ｇ　　C　37ｇ
D　38ｇ　　E　39ｇ　　F　40ｇ

問3 食塩30gを使って15%の食塩水をつくった。水は何ｇ使ったか。

A　150g　　B　160g　　C　170g
D　180g　　E　190g　　F　200g

食塩水の問題が出たときには、問題をよく読み、濃度、食塩の重さ、食塩水の重さなどを確認しておきましょう。自分で簡単に図にしてみるのもいいでしょう。

また、濃度はふつう **百分率（%）** で表されます。つまり、食塩水の濃度は

$\dfrac{\text{食塩の重さ（g）}}{\text{食塩水の重さ（g）}}$ を100倍したものなので、**小数に戻すには100で割ること**

を忘れないように気をつけること。

では、設問を見ていきましょう。

食塩30gと水145gを使って食塩水をつくった。食塩水の濃度は何%か（必要であれば、最後に小数点以下第2位を四捨五入せよ）。

A	15%	B	16.5%	C	17.1%
D	18%	E	19.8%	F	20%

解法は

POINT 1

食塩水の問題では、何を求める場合であっても、濃度・食塩の重さ・水の重さにはある決まった関係があります。この関係は次の式で表します。**食塩水の問題が出たらすぐに使えるよう、確実に覚えておく** 必要があります。

$$濃度（\%）= \frac{食塩の重さ（g）}{食塩水の重さ（g）} \times 100$$
$$= \frac{食塩の重さ（g）}{食塩の重さ（g）+水の重さ（g）} \times 100$$

POINT 2

濃度の公式をよく見ると、分母は水の重さではありません。**分母が食塩水の重さ（食塩の重さ＋水の重さ）となっている** 点に注意しておきましょう。

この問題で、与えられているのは、食塩水の重さそのものではなく、食塩の重さと水の重さですね。

やってみよう

設問文から食塩の重さは30g、水の重さは145gであることがわかっているので、これらの数値を濃度の公式に代入してみましょう。

$$濃度 = \frac{30}{30+145} \times 100 = \frac{30}{175} \times 100 = \frac{120}{7} = 17.1\overset{不}{4} = 17.1（\%）$$

四捨五入

計算のコツ 濃度の計算は分数。分数の計算は、約分して数を小さくしてから計算しよう。　$\dfrac{30}{175_7} \times \overset{4}{100} = \dfrac{120}{7}$

（➡％の計算が不安な人は、54ページの　**ど忘れコーナー2**　へ）

答えは

C ですね。

ここに注目

この設問を、次の手順で解くと正しい答えが出ないので注意しましょう。

$\dfrac{30}{175} = 0.1714 = 0.20$　　　$0.20 \times 100 = 20\%$

この場合、「最後に小数点以下第2位を四捨五入」と指示があるので、

$0.1714\cdots \times 100 = 17.14\cdots（\%）$ まで計算してから、17.14（％）と計算しなくてはいけなかったのですね。

問2　12%の食塩水が300gある。この食塩水中には食塩が何g入っているか。

A　35g　　B　36g　　C　37g
D　38g　　E　39g　　F　40g

問われているのは

ここで問われているのは、食塩水に含まれている食塩の重さですよね。このように、濃度の問題では、食塩や水などの重さも問われます。

解法は

今回求めるのは、食塩の重さなので、濃度の公式はそのままの形では使えません。

そこで、濃度の公式を変形して、食塩の重さを求める式にします。

$$\boxed{食塩の重さ(g) \ = \ 食塩水の重さ(g) \ \times \ \frac{濃度(\%)}{100}}$$

設問文から、食塩水の重さは300g、食塩水の濃度は12%とわかりますね。これを、上の変形した公式に代入しましょう。

やってみよう 👆

$$食塩の重さ(g) = 300 \times \frac{12}{100} = 36(g)$$

もちろん、求めたい食塩の重さをx(g)とし、濃度の公式を使っても解けます。

$$12 = \frac{x}{300} \times 100 \qquad 12 = \frac{x}{300_{3}} \times 100 \qquad 12 = \frac{x}{3} \qquad \frac{x}{3} \times 3 = 12 \times 3 \qquad x = 36(g)$$

xを左辺に　　　分母の3をはらうために両辺に3を掛ける

答えは 🎯
B になります。

問3 食塩30gを使って15%の食塩水をつくった。水は何g使ったか。

A	150g	B	160g	C	170g
D	180g	E	190g	F	200g

ど忘れコーナー 2 ％ってどうやって数値にするの？

これも小学校で習った内容、忘れていたら思い出そう！

x、y2つのものがあって、その量や数を表すときに、「xを1としたとき、yは0.3にあたる」これが割合ってこと。このように小数で表すほか、30%、3割、$\frac{3}{10}$のように表されることもある。

■覚えておこう

$$1\% = 1分 = 0.01 = \frac{1}{100}$$

$$10\% = 1割 = 0.1 = \frac{1}{10}$$

％→100で割る＝小数、分数
割→10で割る＝小数、分数

第2回

文字式で解く

1 濃度

❗問われているのは

　ここで問われているのは、食塩水をつくるのに使った水の重さです。水の重さを$x(\mathrm{g})$とすると、食塩水の重さはどのように表されるか考えましょう。

❗解法は

　濃度の公式を使って考えますが、食塩水の重さがわかりません。

POINT 3

　わかりにくい場合は　**設問文の数値を図に表してみる**　ことです。

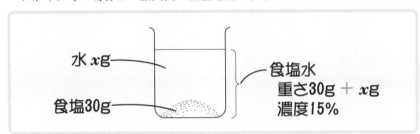

やってみよう

　設問文から、濃度は15%、食塩の重さは30gであることがわかりますね。
　水の重さを$x(\mathrm{g})$とすると、食塩水の重さは、食塩の重さ＋水の重さ　なので、$30+x(\mathrm{g})$となります。これらを濃度の公式に代入します。

$$15 = \frac{30}{30+x} \times 100$$

$$15 \times (30+x) = \frac{30}{30+x} \times 100 \times (30+x)$$

$$450 + 15x = 3000$$

$$15x = 3000 - 450$$

$$x = 170(\mathrm{g})$$

答えは
　Cとなります。

ポイントのまとめ
濃度

POINT 1
公式を確実におさえる！

食塩水の問題は公式を使えば、必ず解くことができる。

まずは、しっかり公式を覚えておこう。

$$濃度(\%) = \frac{食塩の重さ(g)}{食塩水の重さ(g)} \times 100 = \frac{食塩の重さ(g)}{食塩の重さ(g) + 水の重さ(g)} \times 100$$

POINT 2
公式の分母は、食塩水。気をつけろ！

公式を使うとき、分母を水の重さとしてしまうミスが多く見られる。

食塩水の重さが与えられていない場合、

食塩水の重さ＝食塩の重さ＋水の重さ　で求めよう。

POINT 3
わかりにくい場合は、図にしてみよう。

問題によっては、求める数値などがわかりにくい場合がある。そういった場合には、簡単に図にしてみよう。

図には、食塩の重さ、水の重さ、食塩水の重さ、食塩水の濃度を記入してみる。わからないところは、xなどとしていっしょに書きこもう。

類題にトライ
やり方がわかったところで、
忘れないうちにもう一度！

Let's TRY!

第2回

文字式で解く

1 濃度

次の問１〜問３の設問に答えなさい。

問1 食塩70gと水210gを使って食塩水をつくった。食塩水の濃度は何%か。

A 60% B 32% C 25%
D 70% E 40% F 15%

問2 4％の食塩水が750ｇある。この食塩水中には食塩が何ｇ入っているか。

A 28ｇ B 30ｇ C 32ｇ
D 34ｇ E 36ｇ F 38ｇ

問3 4％の食塩水300ｇと14%の食塩水200ｇを混ぜたら、何%の食塩水ができるか。

A 5％ B 6％ C 7％
D 8％ E 9％ F 10％

◆答え：**問1** C　**問2** B　**問3** D

◆解説：**問1** 濃度の公式にあてはめて求める。

$$\frac{70}{70+210} \times 100 = \frac{70}{280} \times 100 = 25(\%)$$

問2 食塩の重さは公式を変形して求める。

$$750 \times \frac{4}{100} = 7.5 \times 4 = 30(g)$$

問3 4％の食塩水300ｇの中に含まれている食塩の重さは、$300 \times \frac{4}{100} = 12(g)$

14%の食塩水200ｇの中に含まれている食塩の重さは、$200 \times \frac{14}{100} = 28(g)$

2つの食塩水を混ぜたら、食塩の重さは、$12 + 28 = 40(g)$
食塩水の重さは、$300 + 200 = 500(g)$

よって、食塩水の濃度は、$\frac{40}{500} \times 100 = 8(\%)$

次の説明を読んで、問1、問2の設問に答えなさい。

12%の食塩水が500gある。これを一定時間蒸発させ、濃度が15%になった時点で、食塩を加えて20%の食塩水にした。

問1 蒸発させた水は何gか。

A 100g   B 150g   C 200g
D 250g   E 300g   F 400g

問2 加えた食塩は何gか。

A 20g   B 25g   C 30g
D 32g   E 40g   F 45g

◆答え：**問1** A   **問2** B

◆解説：**問1** 食塩水に含まれている食塩の重さは、公式を変形して求める。

$$500 \times \frac{12}{100} = 60\,(\text{g})$$

だから、水を蒸発させた後の食塩水の重さをxgとすると、濃度の公式より、

$$\frac{60}{x} = \frac{15}{100}$$

$$x = 60 \div \frac{15}{100} = \overset{4}{\cancel{60}} \times \frac{100}{\cancel{15}} = 400\,(\text{g})$$

よって、蒸発させた水の重さは

$$500 - 400 = 100\,(\text{g})$$

問2 加えた食塩の重さをx(g)とすると、できた食塩水の重さと含まれている食塩の重さは**問1**より、

食塩水の重さ $(400 + x)$g

食塩の重さ $(60 + x)$g

その濃度が20%だから、濃度の公式より、

$$\frac{60 + x}{400 + x} = \frac{20}{100}$$

$$100 \times (60 + x) = 20 \times (400 + x)$$

$$5 \times (60 + x) = 400 + x$$

$$300 + 5 \times x = 400 + x$$

$$5 \times x - x = 400 - 300$$

$$4 \times x = 100$$

$$x = 100 \div 4 = 25\,(\text{g})$$

2. 売買損益

**この売買損益で出される問題パターンは、公式を利用して
原価や利益、売価などを求めるというもの。そこで、今回
は次のようなことをやっていきます。**

ここでやること

1 公式を覚える
定価＝原価×（1＋利益率）
売価＝定価×（1－値引率）

2 公式を選ぶ
どの公式を使うか
考える
原価＝定価÷（1＋利益率）

3 公式を応用する
覚えた公式から
利益などを求める
利益＝売価－原価

　ここでは、**損益計算ができるか**　という能力が問われています。企業に入ると、
さまざまな場面で損益計算を行うことになります。そんなときに、どうすればいい
のかわからずに人に聞いているようでは困りますね。

　でも、心配はいりません。ポイントは、**公式をしっかり覚えておくこと**　です。
公式さえ理解しておけば、あとは数値を代入して計算するだけです。ここでは、1
分をめやすに、設問を解いていきましょう。

次の問1、問2の設問に答えなさい。

問1 ある商品を、原価の3割の利益を見込んで1個2600円の定価をつけた。原価はいくらか。

A 1500円 B 1600円 C 1700円

D 1800円 E 1900円 F 2000円

問2 商品が売れないので、問1の定価の20%引きで販売することにした。このとき、1個あたりの利益はいくらになるか。

A 80円 B 100円 C 120円

D 160円 E 2080円 F 2100円

GUIDE

　まず、注意してもらいたいことがあります。それは、上の問題は、実際に出題されるものと比べてかなり簡単にしてあるということです。実際には、**問1**と**問2**が合体した形、たとえば「ある商品を原価の3割の利益を見込んで1個2600円の定価をつけたが、売れないので、20%引きで販売することにした。このとき、…」というように複雑になっています。けれども、ここでは、まず、1問1問をシンプルにして基礎を学びやすいようにしました。なお、類題に実際の出題形式にかなり近づけたものを用意しましたので、この講義の内容をマスターしたら挑戦してみてください。

　売買損益の問題は、公式さえ覚えておけば、簡単に解くことができます。この公式についてはのちほど説明しますが、この中で特に重要なのは、**定価＝原価×（1＋利益率）、売価＝定価×（1－値引率）** という公式です。この公式を覚えておけば、ほかの公式を導くことができます。しかし、SPI試験では、時間が限られているため、できればすべての公式を頭にたたき込んでおいたほうがいいでしょう。

　また、この手の問題は前の設問と連動した出題が多く、**原価、利益などをしっかりメモして残し、次の設問につなげていく** ことでスピードアップにつなげましょう。

　それでは、設問に進みます。

> **問1** ある商品を、原価の3割の利益を見込んで1個2600円の定価をつけた。原価はいくらか。
>
> A 1500円　　B 1600円　　C 1700円
> D 1800円　　E 1900円　　F 2000円

解法は

「原価」は、商品を仕入れるときの価格です。仕入れ値ともいいます。

さて、商品を原価のままで売ってしまっては、利益が出ません。そこで、原価に利益分を上乗せした価格で売ります。この利益を上乗せした価格を「定価」といいます。また、上乗せした利益が原価に対してどれくらいの割合かを表したものを「利益率」といいます。100円で仕入れた商品に120円の定価をつけると、利益は原価の2割ですね。この2割を「利益率」というのです。ちなみに「2割」は「20％」でも、「0.2」でも同じですね。

POINT 1

まずは、売買損益の公式を見ていきましょう。

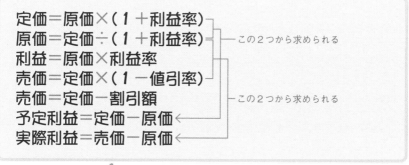

やってみよう

ここでは原価を求めるので、原価＝定価÷（1＋利益率）より

原価＝2600÷（1＋0.3）＝2600÷1.3＝2000（円）

答えは

F になります。

問2 商品が売れないので、問１の定価の20%引きで販売することにした。このとき、1個あたりの利益はいくらになるか。

A	80円	B	100円	C	120円
D	160円	E	2080円	F	2100円

解法は

POINT 2

この設問では、**問１で求めた原価2000円を利用**　します。

POINT 3

「利益」を求める公式には、利益＝原価×利益率　があります。原価は、**問１**の答えから2000円とわかっていますが、利益率は、定価から値引きをしているので変化しています。

そこで、もう１つの公式を見てみます。実際利益＝売価－原価　です。「売価」とは、定価から値引きした価格のことです。

売価を求める公式には２つあります。**問2**の設問には「定価の20%引きで」とあるので値引率がわかっていますから、売価＝定価×（１－値引率）　を使います。このように、**公式を組み合わせて答えを求めていきましょう。**

やってみよう

問１から、この品物の定価は2600円。

定価の20%引きだから、売価＝定価×（１－値引率）　より、

売価は、2600×（１－0.2）＝2600×0.8＝2080（円）

求めるのは利益ですから、

2080－2000＝80（円）

答えは

Aですね。

ポイントのまとめ
売買損益

POINT 1
公式を覚える！

売買損益の問題は、公式さえ理解しておけば大丈夫。公式を使うときには、利益率や値引率などが何割、何％などと与えられているので、割合の計算にも慣れておこう。

POINT 2
前の設問の答えを利用する。

売買損益の問題は、各設問が連動していることが多い。原価、定価、売価、利益などを問題用紙の空いているところにメモしておけば、次の設問に利用できる。

POINT 3
公式を組み合わせて使う。

公式にそのまま代入しても答えが出ないような場合、いくつかの公式を組み合わせることで解くことができる。覚えた公式のうち、答えに結びつく公式を選び、それを利用するためには原価、定価、売価などのうち、どの数値を求めればいいか考えよう。

類題にトライ i Let's TRY!

やり方がわかったところで、
忘れないうちにもう一度！

次の問1、問2の設問に答えなさい。

問1 ある商品を原価の3割5分の利益を見込んで、1個5400円の定価をつけた。しかし仕入れた商品が売れないので、定価の15%引きで販売することにした。1個の利益はいくらになるか。

A　450円　　B　490円　　C　590円
D　4590円　　E　2210円　　F　810円

問2 その後、最初に仕入れた商品と同じものを、15%引きで仕入れることができた。最低でも仕入れ値の1割の利益を得るには、1個いくらで販売すればよいか。

A　3060円　　B　3400円　　C　3740円
D　3800円　　E　4150円　　F　4400円

◆答え：**問1** C　　**問2** C
◆解説：**問1** 原価＝定価÷（1＋利益率）より、
　　　　5400÷（1＋0.35）＝5400÷1.35＝4000（円）
　　　売価＝定価×（1－値引率）より、
　　　　5400×（1－0.15）＝5400×0.85＝4590（円）
　　　よって、利益は
　　　　4590－4000＝590（円）
　　問2 まず、「最初に仕入れた商品と同じものを、15%引きで仕入れる」ときの仕入れ値、つまり、原価を求めます。最初に仕入れた商品の原価は**問1**で求めた4000円、その15%引きだから、
　　　　4000×（1－0.15）＝4000×0.85＝3400（円）
　　　つまり、今回の原価は3400円。この原価（仕入れ値）の1割の利益を得る定価を計算する。
　　　定価の公式は、定価＝原価×（1＋利益率）だから、
　　　　3400×（1＋0.1）＝3400×1.1＝3740（円）

次の説明を読んで、問１、問２の設問に答えなさい。

原価600円の品物を400個仕入れて、原価の20%の利益を見込んで定価をつけた。
このうち、300個を定価で売った。

問1 残りの100個が売れ残ったので破棄したとすると、利益または損失はいくらになるか。

A　24000円の利益　　B　60000円の利益　　C　90000円の利益
D　180000円の利益　　E　24000円の損失　　F　60000円の損失
G　90000円の損失　　H　180000円の損失

問2 残りの100個を定価の25%引きで全て売ったとすると、総利益または総損失はいくらになるか。

A　3000円の利益　　B　5400円の利益　　C　6000円の利益
D　30000円の利益　　E　3000円の損失　　F　5400円の損失
G　6000円の損失　　H　30000円の損失

◆答え：**問1**　E　　**問2**　D
◆解説：**問1**　仕入額＝原価(仕入値)×個数より、
　　　　　　　　600×400＝240000(円)
　　　　　　　定価＝原価×（1＋利益率）より、
　　　　　　　　600×（1＋0.2）＝720(円)
　　　　　　　また、定価で売れた300個の売上額は、売上額＝定価×個数より、
　　　　　　　　720×300＝216000(円)
　　　　　　　よって、利益(損失)＝売上額－仕入額より、
　　　　　　　　216000－240000＝－24000(円)
　　　　　　　つまり、24000円の損失
　　　　問2　定価は**問1**で求めた720円で、売価＝定価×（1－値引率）より、25%引きの定価は
　　　　　　　　720×（1－0.25）＝540(円)
　　　　　　　だから、残り100個の売上額は
　　　　　　　　540×100＝54000(円)
　　　　　　　よって、売上総額は
　　　　　　　　216000＋54000＝270000(円)
　　　　　　　したがって、270000－240000＝30000(円)
　　　　　　　つまり、30000円の利益

次の設問に答えなさい。

ある商品180個を仕入れた。この商品のうち、全体の$\frac{1}{2}$を25%、全体の$\frac{1}{3}$を

30%の利益を見込んで販売した。
しかし、残りの商品は破損してしまったので破棄したところ、全体の利益が
1260円となった。
この商品1個の原価はいくらだったか。

A　100円　　B　120円　　C　150円
D　240円　　E　375円　　F　420円

◆答え：B
◆解説：売価＝原価×（1＋利益率）より、
　　　　販売額＝売価×個数
　　　　　　　＝原価×（1＋利益率）×個数
　　　また、全体の個数の$\frac{1}{2}$は

　　　　$180 \times \frac{1}{2} = 90$（個）

　　　全体の個数の$\frac{1}{3}$は

　　　　$180 \times \frac{1}{3} = 60$（個）

　　　だから、商品の1個の原価（仕入値）をx円とすると、
　　　利益率25%の90個の販売額は
　　　　$90 \times (1 + 0.25)x = 112.5x$（円）
　　　利益率30%の60個の販売額は
　　　　$60 \times (1 + 0.3)x = 78x$（円）
　　　また、仕入総額は、$180x$（円）
　　　ゆえに、売った販売総額は
　　　　$112.5x + 78x = 190.5x$（円）
　　　よって、販売利益＝販売総額－仕入総額より、次の方程式がつくれる。
　　　　$190.5x - 180x = 1260$
　　　　$10.5x = 1260$
　　　　$x = 1260 \div 10.5 = 120$（円）

次の説明を読んで、問１、問２の設問に答えなさい。

ある商品の定価を、定価の２割引きで販売しても、原価の２割の利益がでるように設定した。

問1　定価が750円の商品の場合、原価はいくらになるか。

A　400円　　　B　450円　　　C　500円

D　600円　　　E　630円　　　F　660円

問2　原価が800円の商品の場合、定価はいくらだったか。

A　800円　　　B　900円　　　C　1000円

D　1100円　　　E　1200円　　　F　1300円

◆答え：**問1**　C　　**問2**　E

◆解説：**問1**　この商品の売価は、売価＝定価×（１－値引率）より、

$750 \times (1 - 0.2) = 600$（円）

また、この商品の原価をx円とすると、

この商品の利益は、利益＝原価×利益率より、$0.2x$円

さらに、設問より「売価600円で販売しても、利益がでる」のだから、

利益＝売価－原価より、この商品の利益は

$600 - x$（円）

とも表わせる。

よって、次の方程式がつくれる。

$0.2x = 600 - x$

$0.2x + x = 600$

$1.2x = 600$

$x = 600 \div 1.2 = 500$（円）

問2　売価＝原価×（１＋利益率）より、

$800 \times (1 + 0.2) = 960$（円）

〈別解〉　売価＝原価＋利益によっても求められる。

$800 + 800 \times 0.2 = 960$（円）

よって、求める定価をx円とすると、次の方程式がつくれる。

$960 = x \times (1 - 0.2)$

$0.8x = 960$

$x = 960 \div 0.8 = 1200$（円）

3. 鶴亀算

鶴亀算には独特の解法があります。しかし、慣れていない人には、すべての問題をこの解法で解くことはなかなか困難です。そこで、ここでは方程式を使う方法を用います。

ここでやること

1 問題を読む　合計金額○円、合計人数△人

2 方程式をつくる　$□×(○−x)=○$

3 方程式を解く　移項に注意！
$$ax+b=c \qquad ax=c-b$$
＋を−に

　ここでは、**問題を読み取り、必要なデータをさがすことができるか**　という能力が問われています。企業側は、採用しようとする人の読解力や論理性を確認したいのです。とはいえ、ここで必要なのは簡単な連立方程式のみです。コツさえつかめば、すばやく方程式をつくることができます。

　この手の問題では、**問題からいかに速く・正確に方程式をつくることができるか**が鍵になります。あとは、目標時間を1分30秒として、設問を1つずつ解いていきましょう。

次の問１、問２の設問に答えなさい。

問1 ある遊園地の入場料は大人が2500円、子どもは1000円である。大人と子ども合わせて９人で入園し、料金の合計は15000円であった。子どもの数は何人か。

A　１人　　B　２人　　C　３人　　D　４人
E　５人　　F　６人　　G　７人　　H　８人

問2 50円切手と80円切手を何枚か買うと、その料金は1140円であった。このとき、80円切手の合計金額のほうが50円切手の合計金額よりも140円高かった。80円切手は何枚買ったか。

A　３枚　　B　４枚　　C　５枚　　D　６枚
E　７枚　　F　８枚　　G　９枚　　H　10枚

　最初に、設問文を読み、どのような方程式をつくればいいか考えてみましょう。**問1**のような場合は、合計の人数と合計金額が与えられていますよね。子どもの人数を求めるので、子どもの人数をx（人）とすると、大人の人数は$9 - x$（人）で表されます。こうしておけば、文字が１個だけの方程式をつくることができます。

　一方、**問2**のような場合は、合計の枚数が与えられていません。このような場合、いろいろ考えるよりも、50円切手の枚数をx（枚）、80円切手の枚数をy（枚）として、連立方程式をつくったほうが簡単に解くことができます。

　まずは、**どのような方程式にするかを考える**　ことです。方程式さえつくれれば、あとは簡単な計算のみです。

　それでは、設問に入りましょう。

問1 ある遊園地の入場料は大人が2500円、子どもは1000円である。大人と子ども合わせて9人で入園し、料金の合計は15000円であった。子どもの数は何人か。

A　1人　　B　2人　　C　3人　　D　4人
E　5人　　F　6人　　G　7人　　H　8人

解法は

● POINT 1

　まず、設問文を読み取って、必要なデータをおさえます。入場料は全部で15000円。大人1人2500円、子ども1人1000円。式で表すと、

　　15000（円）＝（1000×子どもの人数）＋（2500×大人の人数）……①

POINT 2

　人数は全部で9人ですが、大人と子どもそれぞれの人数がわかりません。このように、**わからない数が2つあって、その数の合計がわかっているときは、文字を1つ使って表します**。この場合は次のようになります。

　　子どもの人数＝x（人）　　大人の人数＝$9-x$（人）

　これを使って、式①に代入すれば、xを求める方程式になります。

やってみよう

　それでは、子どもの人数をx（人）として、式①に代入して答えを求めましょう。

$$1000x + 2500(9-x) = 15000$$
$$10x + 25(9-x) = 150$$
$$10x + 225 - 25x = 150$$
$$10x - 25x = 150 - 225$$
$$x = 5（人）$$

計算を簡単にするため、100で割る。

計算のコツ 数の大きい方程式は、最初に両辺を10や100などで割って、計算を簡単にすること。

答えは

E になります。

問2　50円切手と80円切手を何枚か買うと、その料金は1140円で
あった。このとき、80円切手の合計金額のほうが50円切手
の合計金額よりも140円高かった。80円切手は何枚買ったか。

A	3枚	B	4枚	C	5枚	D	6枚
E	7枚	F	8枚	G	9枚	H	10枚

解法は

POINT 3

　この設問では、80円切手の枚数が問われています。**問1**と違って、**合計枚数が与えられていません。このような場合は連立方程式を使って解きます。**

　2つの文字を使うときには、方程式を2つつくる必要があります。まず、料金に着目して1つ、合計金額の差に着目してもう1つ方程式をつくりましょう。

やってみよう

50円切手の枚数をx(枚)、80円切手の枚数をy(枚)とします。

50円切手と80円切手を何枚か買ったときの料金は1140円だったので、

$$50x + 80y = 1140 \quad \cdots\cdots①$$

80円切手の合計金額は50円切手の合計金額よりも140円高くなったので、

$$80y - 50x = 140 \qquad -50x + 80y = 140 \quad \cdots\cdots②$$

求めるのは80円切手の枚数なので、①+②を計算します。

計算のコツ　連立方程式は加減法や代入法で1つの文字を消去する。この場合は
$50x + (-50x)$とxが消去しやすいので加減法を使う。

$$\begin{array}{r} 50x + 80y = 1140 \\ +\ )\ -50x + 80y = \ \ 140 \\ \hline 160y = 1280 \\ y = 8\,(枚) \end{array}$$

答えは
　　F ですね。

ポイントのまとめ
鶴亀算

POINT 1
必要なデータを取り出す！

まず、問題の中から必要なデータを取り出す必要がある。
慣れないうちはデータを書き出してみるとそれらの関係がよくわかる。慣れてくれば、問題を読んだだけで方程式をつくれるようになる。

POINT 2
文字が1つの方程式で解く！

合計の個数が与えられている場合、一方の個数をxとおくと、もう一方の個数もxで表すことができる。合計の個数がわからなくても、「みかんはりんごの2倍の数」などとあれば、りんごの個数をx(個)とすると、みかんの個数は$2x$(個)となる。

また、片方だけの個数を求めるときは、求める個数をxとおいたほうがスピードアップにつながる。

POINT 3
連立方程式で解く！

合計の個数などがわからないときは、連立方程式で解く。
2つ文字を使う場合は2つの方程式、3つ文字を使う場合は3つの方程式が必要になる。このように、使った文字の数だけ方程式をつくらなければならないので、なるべく使う文字の数は少なくするようにしよう。

連立方程式を解くときは、加減法、代入法どちらの方法がスピードアップにつながるか考えてから計算しよう。

類題にトライ
やり方がわかったところで、
忘れないうちにもう一度！

Let's TRY!

第 **2** 回

文字式で解く

3 鶴亀算

次の問１、問２の設問に答えなさい。

問1 　1個200円のシュークリームと1個300円のケーキを合わせて9個買って、2200円支払った。ケーキは何個買ったか。

A　1個　　B　2個　　C　3個　　D　4個
E　5個　　F　6個　　G　7個　　H　8個

問2 　りんごは1個100円、みかんは1個50円である。ちょうど1000円になるように箱に詰めてもらった。このとき、りんごの合計金額はみかんの合計金額よりも400円高かった。箱の中に入っているりんごは何個か。

A　5個　　B　6個　　C　7個　　D　8個
E　9個　　F　10個　　G　11個　　H　12個

◆答え：**問1**　D　　**問2**　C
◆解説：**問1**　ケーキの個数をx（個）とすると、シュークリームの個数は$9-x$（個）となる。支払った金額が2200円より、

$$200(9-x)+300x=2200$$

両辺を100で割って、

$$2(9-x)+3x=22$$
$$18-2x+3x=22$$
$$x=4（個）$$

問2　りんごの個数をx個、みかんの個数をy個とすると、支払った金額が1000円より、

$$100x+50y=1000　……①$$

りんごの合計金額がみかんの合計金額よりも400円高かったので、

$$100x-50y=400　……②$$

りんごの個数を求めるので、①＋②を計算すると、

$$
\begin{array}{r}
100x+50y=1000\\
+)\ 100x-50y=\ 400\\
\hline
200x\qquad\ =1400\\
\end{array}
$$
$$x=1400\div200=7（個）$$

第3回 速さの公式で解く

1. 速さ

点取りやすさ
★★★★

この速さの問題は、人や乗り物の動く速さ、移動にかかる時間、距離を求めるというもの。そのため、速さ、時間、距離を求める公式を覚えておく必要があります。

ここでやること

1 公式を覚える $\quad$ 速さ$=\dfrac{距離}{時間}$

2 単位をそろえる $\quad$ 1（km）＝1000（m）
1（時間）＝60（分）

3 方程式をつくる $\quad$ 何をxとおく？

　SPI試験で出題される速さに関する問題は、小学生の頃に解いた問題と同じです。つまり、公式に数値を代入して求めていきます。問題を注意深く読んで、**求めたいものは何なのか？　今わかっているのは何なのか？**　を知る必要があります。

　ここまでわかれば、あとは**公式に与えられた数値を代入する**　だけです。やり方さえマスターしておけば、点を取りやすい問題でしょう。

　速さの問題は、1分をめやすに、設問を1つずつ解いていきましょう。

次の問1〜問3の設問に答えなさい。

問1 30kmの道のりを毎分200mの自転車で走ると、何時間何分
かかるか。

A　2時間10分　　B　2時間20分　　C　2時間30分
D　2時間40分　　E　2時間50分　　F　3時間

問2 1300m離れた2地点から、太郎は毎分68m、花子は毎分62
mの速さで同時に向かい合って出発した。2人が出会うの
は何分後か。

A　10分後　　B　11分後　　C　12分後
D　13分後　　E　14分後　　F　15分後

問3 毎朝、父は分速60m、母は分速40mで家から駅まで歩いて
いる。同時に家を出発すると、父は母より15分早く駅に着く。
家から駅までの距離は何kmあるか。

A　1.0km　　B　1.2km　　C　1.4km
D　1.6km　　E　1.8km　　F　2.0km

GUIDE

　速さの問題といっても、問題を見ただけでは、ピンとこない人もいるでしょ
う。まずは、公式を思い出してみてください。速さ、時間、距離を求めるた
めには、次の公式を使います。

$$速さ = \frac{距離}{時間} \qquad 時間 = \frac{距離}{速さ} \qquad 距離 = 速さ × 時間$$

　思い出しましたか。この公式を丸暗記してもいいで
すが、右のような図で覚えると楽ですね。

　この図で、**横の線は÷（分数）、縦の線は×（掛け算）**
を表しています。左下から「はじき」と覚えておきましょう。

　たとえば、速さを求めたいときには「は」を指でかくします。残りの部分が
「き」と「じ」になっているので、「あっ！　速さは、距離÷時間だ」と考えます。

30kmの道のりを毎分200mの自転車で走ると、何時間何分
かかるか。

| A | 2時間10分 | B | 2時間20分 | C | 2時間30分 |
| D | 2時間40分 | E | 2時間50分 | F | 3時間 |

問われているのは

ここで問われているのは、自転車で走った時間ですね。速さの公式に数値
を代入しますが、道のり(距離)と速さの単位が違うことに注意しましょう。

解法は

POINT 1

この設問は、時間を求めるものなので、$時間 = \dfrac{距離}{速さ}$ の公式を使います。

POINT 2

公式に数値を代入する前に1つ確認しなければならないことがあります。
それは **単位がそろっているかどうか** ということです。この問題では、距
離が30km、速さが毎分200mとなっていて、単位のズレがあります。異なる
単位の数値を使って計算しても正しい答えは出ません。

やってみよう

まずは、公式を使う前に単位をmにそろえてみましょう。
距離の単位が、kmになっているので、これをmに変更します。
$1 (km) = 1000 (m)$ より、$30 (km) = 30000 (m)$

計算のコツ kmとmの場合は、小さいほうの単位にそろえる。こうすると、小数点
の入った数値にならず、分数の計算がしやすい。

これで、距離が30000m、速さが毎分200mと単位がそろったので、

公式 $時間 = \dfrac{距離}{速さ}$ に代入します。

$$\frac{30000}{200} = \frac{300}{2} = 150（分）$$

もうひといき

　設問文は「何時間何分かかるか」となっているので、150分を時間に直しましょう。分を時間にするときは、60で割ります。

$$150（分）= \frac{150}{60} = 2\frac{30}{60}（時間）= 2（時間）30（分）$$

時間を分、分を秒、など時間の単位を変更するときは、60を掛けたり、60で割ったりする。

1時間　　×60→／÷60　　60分　　×60→／÷60　　3600秒

答えは
Cですね。

問2　1300m離れた2地点から、太郎は毎分68m、花子は毎分62mの速さで同時に向かい合って出発した。2人が出会うのは何分後か。

A	10分後	B	11分後	C	12分後
D	13分後	E	14分後	F	15分後

！問われているのは

　この設問では、違う速さで歩き始めた2人が何分後に出会うかが問われています。わかりにくい場合は図に表してみましょう。

解法は

●ここに注目 ⚑

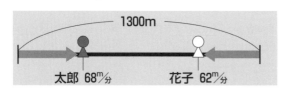

離れた2地点から向かい合って出発ということは、2人の距離は1分間に
68+62＝130(m)近づくということですね。

ということは、2人が出会うためにかかる時間は、1300mの距離を分速
130mの速さで移動するとどれだけの時間がかかるかという計算で求めることができます。

やってみよう 👆

距離が1300m、速さが分速130(m)と考えて、時間＝$\dfrac{距離}{速さ}$ の公式より

$$\frac{1300}{130}=\frac{10}{1}=10(分)$$

答えは 🎯

A になります。

問3 毎朝、父は分速60m、母は分速40mで家から駅まで歩いている。同時に家を出発すると、父は母より15分早く駅に着く。家から駅までの距離は何kmあるか。

A　1.0km　　B　1.2km　　C　1.4km
D　1.6km　　E　1.8km　　F　2.0km

問われているのは

ここで問われているのは、家から駅までの距離ですね。kmで出します。

解法は

問題を解く鍵は「父は母より15分早く駅に着く」というところです。

このことから、父が歩いた時間に15分を足した時間と母が歩いた時間は等しくなるといえますね。これを文字の式にしてみると、

父が歩いた時間 + 15(分) = 母が歩いた時間

POINT 3

父、母が歩いた時間を求めるためには、距離と速さがわからなければいけません。ところが、設問文からは2人の歩く速さはわかりますが、家から駅までの距離がわかりません。**そこで家から駅までの距離を x (m)とおき、公式を使って歩いた時間を表します。**

時間 $= \dfrac{距離}{速さ}$ より、父が歩いた時間は $\dfrac{x}{60}$(分)、母が歩いた時間は $\dfrac{x}{40}$(分)

$$\dfrac{x}{60} + 15 = \dfrac{x}{40}$$

$$\dfrac{x}{60} - \dfrac{x}{40} = -15$$

両辺に120を掛けて
分母をはらう

$$\dfrac{x}{60} \times \overset{2}{120} - \dfrac{x}{40} \times \overset{3}{120} = -15 \times 120$$

$$2x - 3x = -1800$$

$$-x = -1800$$

$$x = 1800 \text{(m)}$$

設問文には「何km」とあるので単位をmからkmに直します。

$$x = 1800\,\text{(m)} = 1.8\,\text{(km)}$$

1800÷1000

答えは

E となります。

ポイントのまとめ
速さ

POINT 1
公式は暗記しておこう！

速さの問題を解くには次の公式を使う。

$$\text{速さ} = \frac{\text{距離}}{\text{時間}} \qquad \text{時間} = \frac{\text{距離}}{\text{速さ}} \qquad \text{距離} = \text{速さ} \times \text{時間}$$

右の図を利用するなどして、確実に覚えておこう。

POINT 2
計算するときは、単位を合わせよう。

異なる単位の数値を使って計算したものは無意味！
単位を合わせて計算しよう。

POINT 3
わからないところをxとおいて考えよう！

公式に、与えられた数値をそのまま代入しただけでは求めたいものを得られ
ないことがある。このような場合、求めたいものをxとおいて、公式にあて
はめてみよう。方程式が立てられる。

＊＊以上のPOINTは、次の項目『２. 時刻表の見方』『３. 速さと時刻表』でも適
用する。

類題にトライ Let's TRY!

やり方がわかったところで、忘れないうちにもう一度！

次の問１〜問３の設問に答えなさい。

問1 １周3.9kmある池の周りをA君は毎分68m、B君は毎分62mで同時に同じ場所から逆方向に歩き始めた。２人が出会うのは何分後か。

A　5分　　　　B　10分　　　　C　15分
D　20分　　　E　25分　　　　F　30分

問2 １周900mある池の周りをA君は毎分68m、B君は毎分62mで同時に同じ場所から同方向に歩き始めた。A君がB君に追いつくのは何時間後か。

A　1時間　　　　B　1.5時間　　　C　2時間
D　2.5時間　　　E　2.45時間　　　F　3時間

問3 池の周りを一定の速度で回ると、A君は１周するのに12分、B君は18分かかる。この２人が同じ場所から同時に同じ方向に出発したとき、A君がB君を最初に追い越すのは何分後か。

A　25分　　　　B　28分　　　　C　30分
D　36分　　　　E　39分　　　　F　40分

◆答え：**問1**　F　　**問2**　D　　**問3**　D

◆解説：**問1**　次の手順で考える。

①１分間に進む距離を確認する。

２人は逆方向に歩いている。

つまり、１分間に $68 + 62 = 130 (m)$ 近づく。

②単位をmにそろえて、時間 $= \dfrac{距離}{速さ}$ にあてはめる。

$3.9km = 3.9 \times 1000 = 3900m$

$\dfrac{3900}{130} = 390 \div 13 = 30 (分)$

問2　次の手順で考える。

①１分間に追いつく距離を確認する。

２人は同方向に歩いているので、１分間に $68 - 62 = 6 (m)$ 離れる。

つまり、１分間にA君がB君に６m追いつくことになる。

②求めるのは時間の単位であることに注意して、900mを追いつく時間を求める。

$$\frac{900}{6} = 900 \div 6 = 150(分)$$

$$150分 = 150 \div 60 = 2.5(時間)$$

問3 A君がB君に「最初に追い越す」とは、「最初に追いつく」と同じことである。池1周の距離をamとすれば、考え方は**問2**と同じである。

次の手順で考える。

①1分間に追いつく距離を確認する。

まず、速さ$= \dfrac{距離}{時間}$より、

2人の分速（1分間に進む距離）を求めると、

A君は毎分$\dfrac{a}{12}$m、B君は毎分$\dfrac{a}{18}$m

つまり、1分間にA君はB君に、

$$\frac{a}{12} - \frac{a}{18} = \frac{3a}{36} - \frac{2a}{36} = \frac{a}{36}(m) \quad 追いつく。$$

②2人がこのペースでamの距離を進めば、ある時点でA君はB君を追い越すことになるから、追い越すまでの時間を求めることができる。

$$a \div \frac{a}{36} = a \times \frac{36}{a} = 36(分)$$

〈別解〉 チョッと変則的な解き方だが、池1週の距離は何mでもいいのだから、自分で適当に決めてしまえば、もっと簡単に解けるよ。

たとえば、1周を（A君の12分の）12と（B君の18分の）18の最小公倍数の36mと考えると、

A君は毎分$\dfrac{36}{12} = 3(m)$、B君は毎分$\dfrac{36}{18} = 2(m)$

つまり、1分間にA君はB君に、

$$3 - 2 = 1(m) \quad 追いつく。$$

よって、追い越すまでの時間は

$$36 \div 1 = 36(分)$$

2. 時刻表の見方

時刻表を利用した速さの問題は、テストセンターでよく出題されます。時間の単位や距離の単位が異なる場合が多く、常に単位を統一することが要求されます。

まず問題を見る

次の説明を読んで、問1〜問3に答えなさい。

A君は12時40分にO地点から出発し、高速道路を使ってQ地点までのドライブを計画し、右のような時刻表をつくった。途中、P地点で15分間休憩し、目的地Qには14時55分に到着することにした。

O地点	発	１２：４０
	↓	
P地点	着	１３：２５
	発	１３：４０
	↓	
Q地点	着	１４：５５

問1 OP間を平均時速80Kmで走った場合OP間の距離は何Kmか。

A 25km B 30km C 32.5km
D 35km E 40km F 60km

問2 PQ間の距離は100kmである。PQ間を平均時速何kmで走ったことになるか。

A 30km B 42.5km C 50km
D 80km E 95km F 100km

問3 O地点を12時40分に出発したが、計画を変更してQ地点に14時35分に着くには、OQ間を平均時速何kmで走ればよいか。ただし、P地点では15分間の休憩は計画どおりに取るものとする。

A 80km B 82.5km C 90km
D 92km E 96km F 100km

この問題では、速さが時速で表わされていますから、**1分間＝$\frac{1}{60}$時間**を利用して、「分」の単位を「時」の単位に換えなければなりません。

しかし、基本公式$\left(\text{速さ}=\frac{\text{距離}}{\text{時間}}\text{、 距離}=\frac{\text{速さ}}{\text{時間}}\text{、 時間}=\frac{\text{距離}}{\text{速さ}}\right)$を使えば間違いなく解けますから、少しも恐れることはありません。

さあ、挑戦してみましょう。

問1 ＯＰ間を平均時速80Kmで走った場合ＯＰ間の距離は何Kmか。

A　25km	B　30km	C　32.5km
D　35km	E　40km	F　60km

！問われているのは

ここで問われているのは、ＯＰ間の距離ですね。**距離の公式** に数値を代入しますが、時間の単位を統一することを忘れないようにしましょう。

！解法は

●POINT 1

この設問は、距離を求めるものなので、**距離＝速さ×時間** を使います。

●POINT 2

公式に数値を代入する際には、**必ず単位がそろっているか** 確認しましょう。この問題では、時間の計算をすると単位は「分」になりますが、速さが時速80kmとなっています。単位を「時」か「分」に統一しましょう。

やってみよう

まず、時刻表からOP間の移動時間を出します。

O地点発が12：40で、P地点着が13：25ですから、

13：25－12：40＝45（分）

速さが時速ですから、単位を「時」にそろえます。

1時間＝60分間 ですから、

$$45分 = \frac{45}{60}時間 = \frac{3}{4}時間$$

よって、OP間の距離は

$$\overset{20}{80} \times \frac{3}{\underset{1}{4}} = 60\,(\mathrm{km})$$

計算のコツ 計算はなるべく分数で考え、途中で約分しながら行うと、楽であると同時にミスも少ない。

〈別解〉 時速を分速に直しても求められます。

$$80\mathrm{km}/時 = \frac{80}{60}\mathrm{km}/分 = \frac{4}{3}\mathrm{km}/分$$

よって、OP間の距離は

$$\frac{4}{3} \times 45 = 60\,(\mathrm{km})$$

答えは

F ですね。

ＰＱ間の距離は100kmである。ＰＱ間を平均時速何kmで走ったことになるか。

| A | 30km | B | 42.5km | C | 50km |
| D | 80km | E | 95km | F | 100km |

問われているのは

問われているのは、ＰＱ間の平均時速です。**速さの公式** に数値を代入しますが、ここでも**問1**同様、時間の単位の統一を忘れないように。

解法は

POINT 1

この設問は、速さを求めるものなので、**速さ＝$\dfrac{距離}{時間}$** を使います。

やってみよう

まず、時刻表からＰＱ間の移動時間を出す。

その際、Ｐ地点で休憩した15分間は移動時間に入りませんから注意しましょう。

Ｐ地点発が13：40で、Ｑ地点着が14：55ですから、移動時間は

14：55－13：40＝1時間15分

求める速さが時速ですから、単位を「時」にそろえます。

$$1時間15分 = 1\frac{15}{60}時間 = 1\frac{1}{4}時間 = \frac{5}{4}時間$$

よって、ＰＱ間の距離は100kmですから、平均時速は

$$100 \div \frac{5}{4} = 100 \times \frac{4}{5} = 80\,(\text{km})$$

〈別解〉 分速を求めからも解けます。

1時間45分 = 60分 + 15分 = 75分

よって、ＰＱ間の平均分速は

$$100 \div 75 = \frac{4}{3}(\text{km})$$

したがって、平均時速は

$$\frac{4}{3} \times 60 = 80(\text{km})$$

答えは
Dですね。

問3 Ｏ地点を12時40分に出発したが、計画を変更してＱ地点に14時35分に着くには、ＯＱ間を平均時速何kmで走ればよいか。ただし、Ｐ地点では15分間の休憩は計画どおりに取るものとする。

A　80km　　　B　82.5km　　　C　90km

D　92km　　　E　96km　　　F　100km

問われているのは

この設問では、Q地点の到着時間を14：35に変更したことによって生じたＯＱ間の平均時速が問われています。ここでも**問1**、**2**同様、時間の単位を統一することを忘れないようにしましょう。また、**速さの公式**に数値を代入する際、**問1**、**2**の結果や条件も利用しますので、チョッと手ごわい問題です。

解法は

POINT 1

この設問でも速さを求めますので、**速さ** $= \dfrac{\text{距離}}{\text{時間}}$ を使います。

やってみよう

まず、時刻表からＯＱ間の移動に要した全時間を出します。

その際、Ｐ地点で休憩した15分間も含んでいますから注意しましょう。

Ｏ地点発が12：40で、Ｑ地点着が14：35ですから、時間差は

14：35－12：40＝1時間55分

しかし、Ｐ地点で15分間休憩していますから、ＯＱ間を移動している時間は

1時間55分－15分＝1時間40分

求める速さが時速ですから、単位を「時」にそろえます。

$$1時間40分＝1\frac{40}{60}時間＝1\frac{2}{3}時間＝\frac{5}{3}時間$$

また、ＯＱ間の距離は計画前と変わりませんから、**問１**、**２**より、

60＋100＝160（km）

よって、平均時速は

$$160÷\frac{5}{3}＝\overset{32}{160}×\frac{3}{5}＝96（km）$$

〈**別解**〉　分速を求めからも解けます。

1時間40分＝60分＋40分＝100分

よって、ＯＱ間の平均分速は

160÷100＝1.6（km）

したがって、平均時速は

1.6×60＝96（km）

答えは

Ｅですね。

3. 速さと時刻表

点取りやすさ
★★

この問題は運行表に関する速さの応用問題ですが、一目で
は速さの問題とは思えないでしょう。次回で学習する「資
料の見方」とからめた問題です。

まず問題を見る　次の説明を読んで、問1〜問3に答えなさい。

下記の表の数値は、各駅停車の電車がA駅を出発して途中駅B、C、D、
E駅を順に走る各駅間の所要時間の1部である。ただし、この電車の平均
時速は39kmである。

	A駅	B駅	C駅	D駅	E駅
B駅	4分	B駅			
C駅			C駅		
D駅	17分			D駅	
E駅		25分	22分		E駅

問1 この電車によるC駅からD駅までの所要時間は何分か。

A　10分　　　　B　15分　　　　C　19分
D　20分　　　　E　29分　　　　F　32分

問2 B駅からD駅までの距離は何kmか。

A　2.75km　　　B　3.5km　　　C　5.5km
D　8.45km　　　E　9.7km　　　F　10.5km

問3 A駅からD駅までを平均時速65kmの快速電車に乗り、D
駅からE駅までを各駅停車の電車に乗った。A駅からE駅
までの所要時間は何分か。
ただし、乗り換え時間は考慮しない。

A　10.2分　　　B　15.5分　　　C　18.4分
D　20.8分　　　E　22.2分　　　F　26.8分

この手の問題はまず、**表の空欄にあてはまる数値を推定する**　ことから始めます。次に、**速さ、時間、距離の基本公式にあてはめ**　解答を導き出します。

　もちろん、この問題でも常に**単位を統一する**　ことが要求されます。

　また、**問2、3**では**問1**で推定した所要時間を利用して計算します。それでは、トライしてみましょう。

下記の表の数値は、各駅停車の電車がA駅を出発して途中駅B、C、D、E駅を順に走る各駅間の所要時間の1部である。ただし、この電車の平均時速は39kmである。

	A駅				
B駅	4分	B駅			
C駅			C駅		
D駅	17分			D駅	
E駅		25分	22分		E駅

問1 この電車によるC駅からD駅までの所要時間は何分か。

A　10分　　　B　15分　　　C　19分

D　20分　　　E　29分　　　F　32分

問われているのは

　ここで問われているのは、表の空欄に入る所要時間を推定しながら、ＣＤ間での所要時間を求めることです。表には所要時間の一部しか表示されていませんので、表示された数値の特性に着目しながら、順番に計算して空欄を埋めることが求められているのです。

解法は

　表示されている数値から2駅間の所要時間は求められますが、この表を一度、線分図に表わしてみると理解しやすいです。

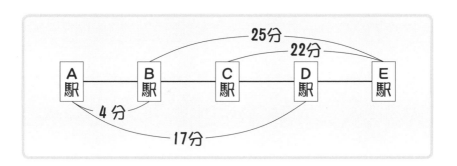

やってみよう

　問題の表を解明するポイントは、E駅に表示されている2つの数値25分と22分にあります。それでは、2駅間の所要時間に着目し、順番に空欄を埋めていきましょう。

① 　BE駅間の所要時間は25分、CE駅間の所要時間は22分ですから、BC駅間の所要時間は

$$25 - 22 = 3（分）$$

② 　また、AB駅間の所要時間は4分ですから、AC駅間の所要時間は

$$3 + 4 = 7（分）$$

③ 　よって、AD駅間の所要時間は17分ですから、求めるCD駅間の所要時間は

$$17 - 7 = 10（分）$$

〈別解〉 　AD駅間とAB駅間の所要時間がそれぞれ17分と4分ですから、

BD駅間の所要時間は、$17 - 4 = 13（分）$

よって、①より、CD駅間の所要時間は、$13 - 3 = 10（分）$

答えは

A ですね。

さらに、他の空欄にあてはまる数値も求めてみましょう（求め方はその1
例です）。

④ **問1**よりCD駅間の所要時間が10分で、CE駅間の所要時間は22分で
すから、DE駅間の所要時間は

$$22 - 10 = 12（分）$$

⑤ AB駅間の所要時間が4分で、AD駅間の所要時間が17分ですから、
BD駅間の所要時間は

$$17 - 4 = 13（分）$$

⑥ AB駅間の所要時間は4分で、BE駅間の所要時間は25分ですから、
AE駅間の所要時間は

$$4 + 25 = 29（分）$$

①〜⑥の数値を問題の表の空欄に入れると、以下のとおりです。

	A駅				
B駅	4分	B駅			
C駅	②7分	①3分	C駅		
D駅	17分	⑤13分	③10分	D駅	
E駅	⑥29分	25分	22分	④12分	E駅

ここまでたどりつければ**問2**、**3**の準備は万端です。さあ、チャレンジし
ましょう。

問2 B駅からD駅までの距離は何kmか。

A　2.75km	B　3.5km	C　5.5km
D　8.45km	E　9.7km	F　10.5km

！問われているのは

ここで問われているのは、BD駅間の距離です。**距離の公式** に数値を代
入しますが、時間の単位を統一してから計算することを忘れないようにしま
しょう。

解法は

POINT 1

この設問は、距離を求めるものなので、**距離＝速さ×時間** を使います。

やってみよう

前ページの表の⑤よりＢＤ駅間の所要時間は13分で、電車の平均時速は39kmですから、それを公式に代入しましょう。ただし、時間の単位を統一しなければいけません。

13分を時間に直して、$\dfrac{13}{60}$時間

よって、ＢＤ駅間の距離は

$$\overset{13}{39} \times \dfrac{13}{\underset{20}{60}} = \dfrac{169}{20} = 8.45(\text{km})$$

計算のコツ 分数の計算は途中で約分しながら行うと、楽であると同時にミスも少ない。

〈**別解**〉　平均分速を求めからも解けます。

$$39 \div 60 = \dfrac{13}{20}(\text{km})$$

よって、ＢＤ駅間の距離は

$$\dfrac{13}{20} \times 13 = \dfrac{169}{20} = 8.45(\text{km})$$

答えは

Ｄですね。

問3 A駅からD駅までを平均時速65kmの快速電車に乗り、D駅からE駅までを各駅停車の電車に乗った。A駅からE駅までの所要時間は何分か。
ただし、乗り換え時間は考慮しない。

A 10.2分	B 15.5分	C 18.4分
D 20.8分	E 22.2分	F 26.8分

問われているのは

　この設問では、一部区間で快速電車を利用した場合のAE駅間の所要時間が問われています。ここでは、速さに関する公式を利用して、まず距離を求め、さらに時間を求めるという二段階の解法が要求され、さらにひとひねりもありますので、チョッと手ごわいです。

解法は

● POINT 1

　所要時間を求めるこの設問では、**時間＝$\dfrac{距離}{速さ}$（距離÷速さ）** を使いますが、

問2同様、距離を求めますので、**距離＝速さ×時間** も使います。

やってみよう 👉

　まず、快速電車を利用したAD駅間の距離を求めます。

　問題に示された各駅停車の運行表からAD駅間の所要時間は17分で、各駅停車の平均時速が39kmですから、**距離＝速さ×時間** に代入してAD駅間の距離を求めましょう。

　17分は、$17 \div 60 = \dfrac{17}{60}$（時間）ですから、

$$\overset{13}{39} \times \dfrac{17}{\underset{20}{60}} = \dfrac{221}{20}（km）$$

計算のコツ 分数の計算の結果は、解き方の途中なら分数表示のままにしておく。後の計算が楽であると同時にミスも少ない。

また、求める時間の単位は「分」ですから、快速電車の平均時速65kmを分速に直すと、

$$65 \div 60 = \frac{13}{12}\,(\text{km})$$

よって、快速を利用した場合のＡＤ駅間の所要時間は、**時間＝距離÷時間**に代入して、

$$\frac{221}{20} \div \frac{13}{12} = \frac{221}{\underset{5}{20}} \times \frac{\overset{3}{12}}{13} = \frac{663}{65} = 663 \div 65 = 10.2\,(\text{分})$$

計算のコツ 答えが小数で求められている場合は、最後に分数を小数にする。

〈**別解**〉 平均時速65kmからでも解けます。

$$\frac{221}{20} \div 65 = \frac{221}{20} \times \frac{1}{65} = \frac{221}{1300}\,(\text{時間})$$

$$\frac{221}{1300}\text{時間} = \frac{221}{\underset{65}{1300}} \times \overset{3}{60} = \frac{663}{65} = 10.2\,(\text{分})$$

もうひといき

ここで終らせる人が多いです。しかし、求めるのはＡＥ駅間の所要時間ですので、さらに、各駅停車の電車を利用したＤＥ駅間の所要時間を**92ページの表の④**より見つけ（12分）、それを足さなければいけません。

$$10.2 + 12 = 22.2\,(\text{分})$$

答えは

Ｅですね。

第4回 表を読む

1. 資料の見方

点取りやすさ
★★★★★

ここでは、相関表などを使って、条件に該当する人の人数
を読み取り、それを利用して平均点などを求めます。
そこで、今回は次のようなことをやっていきましょう。

ここでやること

1 表を読み取る

国語 ＼ 理科	5点	6点
5点←		①

2 数を求める

「理科が6点」で、
「国語が5点」の人が
①人ということ

3 表計算をする 　平均点＝$\dfrac{得点の合計}{人数}$

　ここでは、**資料から条件に該当する人数を読み取れるか** という能力が問われて
います。まずは表に慣れることです。一度見ておけば、本番では大幅にスピードが違っ
てくると思います。1問ごとの難易度は高くないので、**正確に表を読み取り、処理
すること** を心がけましょう。あとは5分をめやすに、続く設問を解いていくとい
うのがベストです。

次の資料を使って、問１〜問３の設問に答えなさい。

下の表はあるクラス50人の数学と英語のテスト結果の相関表である。

資料

		英語の得点					
		5点	6点	7点	8点	9点	10点
数学の得点	5点	1		1			
	6点		4		4		1
	7点			6	10	5	
	8点				4	1	
	9点			2	7		
	10点			3			1

問1 英語の成績が数学の成績よりよかった学生は何人か。

A　8人　　　B　15人　　　C　16人　　　D　20人
E　22人　　　F　25人　　　G　28人　　　H　29人

問2 数学と英語の合計得点の最頻値（最も多い値）は何点か。

A　8点　　　B　9点　　　C　11点　　　D　13点
E　14点　　　F　15点　　　G　16点　　　H　17点

問3 数学が８点以上の学生の英語の平均点は何点か。必要であれば、最後に小数点以下第３位を四捨五入せよ。

A　6.89点　　　B　7.11点　　　C　7.89点　　　D　8.33点
E　8.67点　　　F　8.95点　　　G　9.11点　　　H　13.11点

　相関表を読むときは、**まず横の行と縦の列に何が表されているか**　を考えます。この表では、横の各行は数学の得点、縦の各列は英語の得点で、その得点をした人数が分布されていますね。さらに、下にいくほど数学の得点は高くなり、右にいくほど英語の得点が高くなっていることに気がつきましたか。

　それでは設問に入りましょう。

問われているのは

　ここでは、ある条件を満たす学生の分布のようすを理解しているかが問われています。分布している各数値は、いずれも「英語○点、数学●点」だった人の数を表しています。

解法は

　設問の条件「英語の成績が数学の成績よりよかった学生」にあてはまる箇所の人数を表から拾い、その合計を出します。

POINT 1

　まずは、**該当する箇所の分布のようすをおさえる**　ことがポイントとなります。下のように、英語と数学の点数が同じ箇所に線を引きます。線よりも上にあるのが英語の得点が数学の得点よりも高い人、線よりも下にあるのが数学の得点が英語の得点よりも高い人となります。

やってみよう

　下の表の斜線よりも上にある人数をていねいに拾っていきましょう。

		英語の得点					
		5点	6点	7点	8点	9点	10点
数学の得点	5点			1			
	6点				4		1
	7点			6	10	5	
	8点					1	
	9点				2	7	
	10点				3		

$$1 + 4 + 10 + 5 + 1 + 1 = 22(人)$$

答えは  E ですね。

| 問2 | 数学と英語の合計得点の最頻値（最も多い値）は何点か。 |

| A | 8点 | B | 9点 | C | 11点 | D | 13点 |
| E | 14点 | F | 15点 | G | 16点 | H | 17点 |

問われているのは

ここでは、数学と英語の合計得点のうち、最も人数の多いものをさがします。

「表の中で最も多いのは英語の得点が8点、数学の得点が7点のときの10人だから、8＋7＝15（点）だよね」と単純に考えてはいけません。

合計得点の最低は、どちらも5点ずつの計10点、最高は、どちらも10点ずつの計20点です。この合計点10～20点のうち、何点の人がいちばん多いかを表から読み取る力が問われているのです。

英語5点 ＋ 数学5点 ＝ 10点　←最低点
英語10点 ＋ 数学10点 ＝ 20点　←最高点

解法は

POINT 2

この表では、合計得点が等しくなる箇所 がいくつかありますね。表の中で最も多いのは、英語の得点が8点、数学の得点が7点のときです。

数学と英語の得点の合計が15点となるのは7＋8以外に、

5＋10、6＋9、8＋7、9＋6、10＋5

があります。これらの位置に注目しましょう。線を引くと一直線になります。

合計点数が等しい箇所はどのように分布しているかわかりましたか。合計15点のところに引いた線と平行な線を引くと、線を引かれた箇所の合計点数が等しくなっていますね。

		英語の得点					
		5点	6点	7点	8点	9点	10点
数学の得点	5点	10	11	12	13	14	15
	6点	11	12	13	14	15	16
	7点	12	13	14	15	16	17
	8点	13	14	15	16	17	18
	9点	14	15	16	17	18	19
	10点	15	16	17	18	19	20

10… ←英語と数学の合計得点

　表に引いた線をもとに、合計得点をまとめてみます。

　右のようになり、合計得点が16点になる人がいちばん多いことがわかりますね。

 答えは

Ｇとなりますね。

合計得点	人数
10点	1人
12点	4＋1＝5(人)
14点	6＋4＝10(人)
15点	10人
16点	2＋4＋5＋1＝12(人)
17点	3＋7＋1＝11(人)
20点	1人

問3　数学が8点以上の学生の英語の平均点は何点か。

A　6.89点	B　7.11点	C　7.89点	D　8.33点
E　8.67点	F　8.95点	G　9.11点	H　13.11点

！問われているのは

　ここでは、まず数学の得点が8点以上の学生がどこに分布しているかを調べ、さらに、その学生たちの英語の平均点を出すという2段階の能力が問われています。

解法は

●POINT 3

　条件として、「数学が8点以上」がついています。数学が8点以上の分布範囲は、下のようになります。

		英語の得点					
		5点	6点	7点	8点	9点	10点
数学の得点	5点	1		1			
	6点		4		4		1
	7点			6	10	5	
	8点				4	1	↓数学が8点以上
	9点			2	7		
	10点			3			1

該当する人数→　　5人　　11人　　1人　　1人

　上の表の ▢ の部分の人たちの平均点を求めます。

　平均点を求める公式は、

$$平均点 = \frac{得点の合計}{人数}$$

です。

やってみよう

　数学が8点以上の人の英語の得点の合計は、

　　$7 \times (2 + 3) + 8 \times (4 + 7) + 9 \times 1 + 10 \times 1 = 142（点）$

　平均点を求める公式にあてはめると、

$$\frac{142}{5 + 11 + 1 + 1} = \frac{142}{18} = 7.888\cdots\cdots \fallingdotseq 7.89（点）$$

答えは

　C となります。

ポイントのまとめ
資料の見方

POINT 1
分布のようすをおさえる！

条件に該当する箇所が規則的に分布していることがある。
その規則性を見つければ、スピードアップにつながる。

POINT 2
あわてずよく考える！

表をよく読み込み、設問で与えられた条件を正確に把握する。あわてずに、
条件に該当する箇所が1つだけなのか、それとも複数あるのかよく見極めよ
う。

POINT 3
公式にあてはめて計算する！

求める公式をしっかり思い出そう。
平均や割合などの計算で分母は必ずしも総数とは限らないから、分母になる
数は何なのかよく考えよう。

類題にトライ Let's TRY!

やり方がわかったところで、忘れないうちにもう一度！

次の資料を使って、問１〜問３の設問に答えなさい。

下の表はあるクラス50人の民法と憲法のテスト結果の相関表である。

資料

		憲法の得点					
		5点	6点	7点	8点	9点	10点
民法の得点	5点		1	1			
	6点		3		4		
	7点			5	3	3	
	8点		2	4	4	3	
	9点			2	7	1	1
	10点			3		2	1

問1 民法の成績が憲法の成績よりよかった学生は何人か。

A 8人 B 15人 C 16人 D 20人
E 22人 F 25人 G 28人 H 29人

問2 民法と憲法の合計得点の最頻値（最も多い値）は何点か。

A 13点 B 14点 C 15点 D 16点
E 17点 F 18点 G 19点 H 20点

問3 憲法を9点以上とった学生の民法の平均点は何点か。必要であれば、最後に小数点以下第3位を四捨五入せよ。

A 6.54点 B 7.45点 C 7.88点 D 8.45点
E 8.67点 F 8.95点 G 9.54点 H 13.11点

◆答え：**問1** D **問2** E **問3** D

◆解説：**問1** $2+4+2+3+7+2=20$（人）

問2 合計得点は、11点…1人、12点…$3+1=4$（人）、14点…$2+5+4=11$（人）、15点…$4+3=7$（人）、16点…$2+4+3=9$（人）、17点…$3+7+3=13$（人）、18点…1人、19点…$2+1=3$（人）、20点…1人
よって、合計得点の最頻値は、17点

問3 憲法の得点が9点以上の学生の民法の平均点は

$$\frac{7\times3+8\times3+9\times(1+1)+10\times(2+1)}{3+3+1+1+2+1}=\frac{93}{11}=8.454\cdots\fallingdotseq8.45（点）$$

次の資料を使って、問1～問3の設問に答えなさい。

下の表はある学校の生徒らが修学旅行で行きたい都市を1つ答え、男女ごとに結果を集計したものである。

資料

都市	男子	女子	男女合計
札幌			46%
京都	20%	10%	
広島	10%		
沖縄	30%	25%	27%
計	100%	100%	100%

問1 この学校の男子と女子の生徒数の比は4：6である。男子で「沖縄」と回答した生徒は全体の何%か。

A　6.25%　　　B　8%　　　C　12%
D　15%　　　　E　22.4%　　F　24%

問2 「京都」と回答した生徒は全体の何%か

A　12%　　　B　12.5%　　C　13%
D　14%　　　E　15%　　　F　16.5%

問3 「札幌」と回答した男子は48人だった。「広島」と回答した生徒は何人か。

A　39人　　　　B　94人　　　　C　105人
D　145人　　　E　184人　　　F　215人

◆答え：**問1**　C　　　**問2**　D　　　**問3**　A
◆解説：**問1**　この問題の場合、扱われている割合の表示が%だから、全生徒の割合を100%と考える。
また、男子と女子の生徒数の比が4：6だから、比例分配すると、全男子の割合は

$$100\% \times \frac{4}{4+6} = 100\% \times \frac{4}{10} = 40\%$$

表より「沖縄」と回答した男子の割合は全男子の30%だから、全体（100%）に対する割合は、$40\% \times \dfrac{30}{100} = 12\%$

問2　問1と同じ手順で考える。
表より「京都」と回答した生徒の割合は男子が20%、女子が10%だから、全体（100%）に対する割合は

$$男子 \quad 40\% \times \frac{20}{100} = 8\%$$

$$女子 \quad (100\% - 40\%) \times \frac{10}{100} = 6\%$$

よって、求める割合は、8 % + 6 % = 14%

問3 まず、全生徒数を求める。

問題の表で与えられた男子の数値より、「札幌」と回答した男子の割合は

$$100\% - 20\% - 10\% - 30\% = 40\%$$

また、その人数が48人だから、全男子生徒数は

$$48 \div \frac{40}{100} = 48 \times \frac{\overset{12}{\cancel{100}}}{\cancel{40}} = 120(人)$$

男子と女子の生徒数の比が 4：6 だから、全生徒数は

$$120 \div \frac{4}{4+6} = 120 \div \frac{4}{10} = \overset{30}{\cancel{120}} \times \frac{10}{\cancel{4}} = 300(人)$$

〈別解〉 女子の全生徒数を求めて、それと足しても求められる。

$$120 + \overset{30}{\cancel{120}} \times \frac{6}{\cancel{4}} = 300(人)$$

次に、**問2**の結果（14%）と問題の表で与えられた男女合計の数値より、「広島」と回答した生徒の割合は

$$100\% - 46\% - 14\% - 27\% = 13\%$$

よって、その人数は、$300 \times \dfrac{13}{100} = 39(人)$

次の資料を使って、問１〜問３の設問に答えなさい。

ある会社で販売価額は同一で色違いのＡ、Ｂ、Ｃの製品を受注販売している。
資料Ⅰは昨年1年間、工場から出荷した製品の地域ごとの割合を示している。資料Ⅱは年間売上額を示している。売上げに対する値引きや返品はないものとする。

資料Ⅰ＜出荷割合＞

エリア／製品	製品Ａ	製品Ｂ	製品Ｃ	計
東北エリア	☐%	30%	0%	100%
関東エリア	50%	20%	30%	100%
近畿エリア	☐%	50%	10%	100%
九州エリア	20%	☐%	☐%	100%

資料Ⅱ＜売上額：円＞

エリア／製品	製品Ａ	製品Ｂ	製品Ｃ	計
東北エリア	☐	☐	―	10000000
関東エリア	☐	8000000	☐	
近畿エリア	12000000	☐	3000000	30000000
九州エリア	4000000	4000000	☐	☐

問1 関東エリアにおける製品Cの売上額はいくらか。

A 8000000円   B 8600000円   C 9200000円
D 10000000円   E 12000000円   F 12600000円
G 13400000円   H 15000000円

問2 東北エリアの製品Aの売上額は会社全体の製品Aの売上額の何%か。
必要であれば、最後に小数点以下第2位を四捨五入せよ。

A 12.5%   B 16.3%   C 17.3%   D 20.4%
E 27.5%   F 30.5%   G 36.8%   H 37.1%

問3 A、B、Cの製品は昨年1年間で5000個出荷している。九州エリア
に製品Aは何個出荷しているか。

A 200個   B 350個   C 420個   D 450個
E 500個   F 550個   G 600個   H 1200個

◆答え：**問1** E   **問2** B   **問3** A

◆解説：**問1** 関東エリアの製品のうち、出荷割合も売上額も分かっているのがBであることに着目。つまり、製品Bの出荷割合が20％、売上額が8000000円だから、関東エリアの総売上額が求められる。

$$8000000 \div \frac{20}{100} = 8000000 \div \frac{1}{5} = 8000000 \times 5 = 40000000（円）$$

よって、資料Ⅰより、関東エリアにおける製品Cの出荷割合が30％だから、求める売上額は

$$40000000 \times \frac{30}{100} = 12000000（円）$$

〈別解〉 資料Ⅰより、関東エリアにおける製品Cの出荷割合30％は製品Bの出荷割合20％の$(30 \div 20 =) \frac{3}{2}$倍だから、

$$8000000 \times \frac{3}{2} = 12000000（円）$$

問2 まず、資料Ⅰより、東北と関東エリアにおける製品Aの出荷割合をおさえる。

東北エリア 100％−30％−0％＝70％
関東エリア 50％

（ちなみに、近畿エリアは100％−50％−10％＝40％、九州エリアは20％）
次に、資料Ⅱの合計金額に着目し、東北と関東エリアにおける製品Aの売上額を計算する。

東北エリア $10000000 \times \frac{70}{100} = 7000000（円）$

関東エリア **問1**より、$40000000 \times \dfrac{50}{100} = 20000000$（円）

（ちなみに、近畿エリアは12000000円、九州エリアは4000000円）

だから、製品Aの総売上額は

$7000000 + 20000000 + 12000000 + 4000000 = 43000000$（円）

よって、求める割合は、$\dfrac{\text{東北エリアにおける製品Aの売上額}}{\text{製品Aの総売上額}}$ だから、

$\dfrac{7000000}{43000000} = \dfrac{7}{43} \fallingdotseq 0.1627$

よって、$0.1627 \times 100 = 16.27$（%）→16.3%

問3 まず、九州エリアの総売上額を求め、1年間の総売上額を特定する。
九州エリアにおける製品Aは出荷割合も売上額も分かっているから、九州エリアの売上総額は**問1**と同じような計算をすれば求められる。

$4000000 \div \dfrac{20}{100} = 4000000 \div \dfrac{1}{5} = 4000000 \times 5 = 20000000$（円）

だから、1年間の総売上額は

$10000000 + 40000000 + 30000000 + 20000000 = 100000000$（円）

また、値引きや返品はないのだから、売上額と出荷個数は比例するので、

（1年間の総売上額）：（各製品の売上額）
＝（1年間の総個数）：（各製品の出荷個数）

よって、九州エリアにおける製品Aの出荷個数をx個とすると、

$100000000 : 4000000 = 5000 : x$

$100 : 4 = 5000 : x$

比例式では、（内項の積）＝（外項の積）だから、

$100 \times x = 4 \times 5000$

$x = 4 \times 50 = 200$（個）

〈別解〉 （販売価額）＝（1年間の総売上額）÷（出荷総個数）より、1個あたりの販売価額を特定してからでも、求められる。

$100000000 \div 5000 = 20000$（円）

よって、（出荷個数）＝（売上額）÷（1個あたりの値段）より、

$4000000 \div 20000 = 200$（個）

次の資料を使って、問1〜問3の設問に答えなさい。

下の表Ⅰは、ある大学において現在行っているアルバイトの種類を学部ごとに％で集計したものである。表Ⅱは、回答してくれた各学部人数のこの調査に答えてくれた全学生数に対する割合を％で示している。

なお、必要な時は、最後に小数点以下第2位を四捨五入せよ。

表Ⅰ

学部＼職種	家庭教師	コンビニ	飲食店	派遣・その他	計
文学部	イ	40%	20%	☐	100%
法学部	10%	20%	30%	40%	100%
工学部	25%	15%	50%	10%	100%
農学部	35%	25%	10%	30%	100%
各アルバイト数／学生全体数	25.5%	ア	☐	25%	100%

表Ⅱ

割合／学部	文学部	法学部	工学部	農学部	計
各学部学生数／学生全体数	25%	15%	20%	40%	100%

問1 アで表示されるコンビニでアルバイトしている学生は回答してくれた全学生の何％か。

A 18.5% B 21% C 23% D 26%
E 30.5% F 34.5% G 39% H 40%

問2 イで表示される文学部における家庭教師の文学部全体に占める割合は何％か。

A 5% B 18% C 20% D 24%
E 25% F 30% G 32% H 38%

問3 農学部において飲食店と回答した学生は20人でした。この調査に回答してくれた全学生は何人か。

A 400人 B 450人 C 480人 D 500人
E 550人 F 600人 G 650人 H 700人

◆答え：**問1** D **問2** C **問3** D

◆解説：**問1** 表Iの％の数値は学部ごとの集計だから、各学部で回答者数が異なっていることに注意。つまり、その数値を回答した全学生数に対する割合に変換するには、全学生の割合を100％とした表IIを使って計算することになる。

つまり、

文学部は25％のうちの40％になるから、$25\% \times \dfrac{40}{100} = 10\%$

法学部は15％のうちの20％になるから、$15\% \times \dfrac{20}{100} = 3\%$

工学部は20％のうちの15％になるから、$20\% \times \dfrac{15}{100} = 3\%$

農学部は40％のうちの25％になるから、$40\% \times \dfrac{25}{100} = 10\%$

よって、⑦にあてはまる割合は
　10％＋3％＋3％＋10％＝26％

問2 この場合も**問1**と同様にして、まず文学部以外の学部において家庭教師と回答した割合を全学生数に対する割合に変換する。

つまり、

法学部は15％のうちの10％になるから、$15\% \times \dfrac{10}{100} = 1.5\%$

工学部は20％のうちの25％になるから、$20\% \times \dfrac{25}{100} = 5\%$

農学部は40％のうちの35％になるから、$40\% \times \dfrac{35}{100} = 14\%$

この3学部で、1.5％＋5％＋14％＝20.5％

よって、表1の家庭教師における$\dfrac{\text{各アルバイト数}}{\text{学生全体数}}$が25.5％だから、文学部の学生で家庭教師とした人数の全学生数に対する割合は
　25.5％－20.5％＝5％

ただ、コレを答えとしてはいけない。求める⑦にあてはまる割合は文学部全体（25％）に対する割合だから、
　5％÷25％＝0.2

したがって、0.2×100＝20（％）

問3 この場合も**問1**、**2**と同様にして、まず農学部において飲食店と回答した学生の割合10％を全学生数に対する割合に変換する。

つまり、40％のうちの10％だから、$40\% \times \dfrac{10}{100} = 4\%$

この割合が20人にあたるのだから、求める全学生数は
　$20 \div \dfrac{4}{100} = 20 \times \dfrac{100}{4} = 500$（人）

2. 資料解釈

資料からさまざまなデータを拾えるかがポイント。計算は複雑ではありませんが、実社会に入ってからグラフや証票などのデータ管理能力が試されます。最近の傾向として、この種の問題の正答は重要視されています。

ここでやること

1 表をよく見る

入園料（1日）	
2000円	大人料金
1200円	こども料金

2 数計算をする

宿泊セットの入園料＝
入園料×（1－割引率）

3 方程式をつくる

条件に合わせて方程式をつくり、x を求める

　ここでは、**表に書いてある数値を読めるかという**　能力が問われているのです。つまり、企業側は採用しようする人が資料などの数値を見て内容を把握できる人かどうかを確かめたいのです。なぜなら、さまざまなデータをもとに、経営方針などを決めたりするのが企業の活動ですね。社会人として当然、求められる能力なのです。

　また、この手の問題を解くポイントは、**最初に表を読む時間をとること**　です。本番では設問と表の内容を30秒ほどで把握して、1問1分30秒を目標にしましょう。

まず
問題を
見る 次の資料を使って、
問1、問2の設問に答えなさい。

資料Ⅰはあるテーマパークの入園料の料金表で、資料Ⅱは宿泊セットの1泊の1人の料金表である。表中の上段が大人、下段がこどもの料金である。また、駐車料金は上段が1日、下段が半日の料金である。

資料Ⅰ＜入園料＞

曜日	入園料（1日）	入園料（半日）	入園料＋乗り放題	駐車料金
平日	2000円 1200円	1400円 900円	6000円 4000円	1台1000円 500円
土日・祝日	3000円 1600円	2200円 1300円	7800円 5000円	1台1200円 800円

資料Ⅱ＜宿泊セット＞

曜日	宿泊料（2人部屋）	宿泊料（4人部屋）
平日	8000円 4200円	6600円 3200円
土日・祝日	10000円 6000円	7200円 X 円

宿泊セットの場合、資料Ⅰの入園料は30％割引きされ、駐車料金は無料になる。

問1 次のア、イ、ウのうち、上の資料と一致するのはどれか。

ア　平日に電車で、大人1人、こども1人、宿泊セット（2人部屋、1日の場合、入園総額は14440円である。

イ　日曜日に車で、大人2人、入園料＋乗り放題、宿泊セット2人部屋、1日の場合、入園総額は32120円である。

ウ　平日に車で、大人1人、こども2人、大人は1日券、こどもは入園料＋乗り放題、宿泊セット（4人部屋）、1日の場合、入園総額は20000円である。

A　アだけ　　　　B　イだけ　　　　C　ウだけ
D　アとイ　　　　E　アとウ　　　　F　イとウ

問2 電車で、大人2人、こども2人で「宿泊セット（4人部屋）半日券」の場合、平日に行くか土曜日に行くかを検討したら、土曜日に行くほうが6080円高くなる。資料Ⅱの表Xにあたる料金はいくらか。

A　3000円　　　B　3200円　　　C　4000円
D　4800円　　　E　5000円　　　F　5000円

この問題では、資料に表示されている２つの**数値の意味の違いを把握する**ことが最も大切になります。**問1**では、選択肢に合わせて入園の総額を求めますが、**条件にあった数値を拾う**　ことがポイントです。**問2**では、「４人部屋、こども料金」を**平日と土日・祝日の場合を比較する**　ことがポイントになります。

問1　次のア、イ、ウのうち、上の資料と一致するのはどれか。

ア　平日に電車で、大人１人、こども１人、宿泊セット（２人部屋、１日の場合、入園総額は14440円である。

イ　日曜日に車で、大人２人、入園料＋乗り放題、宿泊セット２人部屋、１日の場合、入園総額は32120円である。

ウ　平日に車で、大人１人、こども２人、大人は１日券、こどもは入園料＋乗り放題、宿泊セット（４人部屋）、１日の場合、入園総額は20000円である。

A　アだけ　　　　B　イだけ　　　　C　ウだけ
D　アとイ　　　　E　アとウ　　　　F　イとウ

問われているのは

　問われているのは、さまざまな条件における 入園の総額 です。選択肢のうち、正解は１つとは限らないかもしれません。

解法は

POINT 1

　資料解釈では、**表の数値の意味を確認する**　ことが最も大切です。この場合は、入園料では上段が大人料金、下段がこども料金、駐車料金では上段が１日料金、下段が半日料金であることに注意しましょう。後は、選択肢ア、イ、ウの条件に合わせてひたすら計算します。

やってみよう

POINT 2

資料から数値を拾いだす前に、選択肢ア～ウにある**条件を書き出す**　とミスをなくせます。

ア　平日、電車、大人１人、こども１人、宿泊セット（２人部屋）、１日

イ　日曜日、車、大人２人、入園料＋乗り放題、宿泊セット（２人部屋）、１日

ウ　平日、車、大人１人（１日券）、こども２人（入園料＋乗り放題）、宿泊セット（４人部屋）、１日

POINT 3

上に書き出した条件に合う数値を資料から拾いだし、それぞれを正確に計算し、足し合わせます。ただし、**どれも宿泊セット**　ですから**入園料は30%引き**　になり、**駐車料は無料**　になります。

資料の数値は駐車料金以外、１人分の金額ですから、それに人数分を掛ければ代金は求められます。

やってみよう

ア　$(2000円 \times 1人 + 1200円 \times 1人) \times \left(1 - \dfrac{30}{100}\right) + 8000円 \times 1人 + 4200円 \times 1人 = 14440（円）$

イ　$(7800円 \times 2人) \times \left(1 - \dfrac{30}{100}\right) + 10000円 \times 2人 = 30920（円）$

ウ　$(2000円 \times 1人 + 4000円 \times 2人) \times \left(1 - \dfrac{30}{100}\right) + 6600円 \times 1人 + 3200円 \times 2人 = 20000（円）$

よって、資料と一致するのはアとウで、イは誤りです。

答えは

Ｅですね。

電車で、大人2人、こども2人で「宿泊セット（4人部屋）半日券」の場合を平日に行くか土曜日に行くかを検討したら、土曜日に行くほうが6080円高くなる。資料Ⅱの表Xにあたる料金はいくらか。

| A | 3000円 | B | 3200円 | C | 4000円 |
| D | 4800円 | E | 5000円 | F | 5000円 |

問われているのは

求める資料ⅡのXの値は、「土日・祝日、宿泊セット（4人部屋）」のこども料金です。

解法は

POINT 2

この場合の条件は「電車、大人2人、こども2人、宿泊セット（4人部屋）、半日券」です。**問1**同様、宿泊セットですから、**入園料は30%引き** されることに注意しましょう。

やってみよう

POINT 3

4人部屋の土曜日におけるこども宿泊料金をX円として、平日の場合と土曜日の場合の入園総額をそれぞれ求め、その**差が6080円であることから方程式をつくって** 解きます。ただし、電車ですから、入園総額には駐車料金が含まれませんので注意しましょう。

① 平日に行く場合

$$(1400円×2人＋900円×2人)×\left(1-\frac{30}{100}\right)＋6600円×2人＋3200円×2人$$
$$＝22820（円）$$

② 土曜日に行く場合

$$\left(2200\text{円}\times2\text{人}+1300\text{円}\times2\text{人}\right)\times\left(1-\frac{30}{100}\right)+7200\text{円}\times2\text{人}+\text{X}\text{円}\times2\text{人}$$

$$=19300+2\,\text{X}\,（\text{円}）$$

②の金額のほうが①の金額より、**6080円高い** から、次の方程式がつくれます。

$$19300+2\,\text{X}=22820+6080=28900$$
$$2\,\text{X}=28900-19300=9600$$
$$\text{X}=9600\div2$$
$$=4800\,（\text{円}）$$

移項して整理する。

答えは
　Dですね。

ど忘れコーナー 3　方程式を解くポイントは？

中学校で習った内容。移項と係数処理に要注意！

①移項するときは、符号を変える。

②小数や分数がある場合、まず、整数にする。

・小数なら両辺を10倍、100倍に。

・分数なら分母をはらう。

■覚えておこう

$$\frac{2}{3}x-5=\frac{1}{4}x$$

両辺を12倍して分母をはらう。
（整数部分への掛け忘れに注意！）

$$8x-60=3x$$
$$8x-3x=60$$
$$5x=60$$
$$x=60\div5=12$$

符号を変えて移項

ポイントのまとめ
資料解釈

POINT 1
どんな資料なのか、おさえる！

　資料問題が出たら、まず何が書いてあるのかよく読み、表中の数値が何を表しているのか内容をざっとおさえよう。単位もチェックが必要だ。

POINT 2
条件に合致したものを探す！

　与えられた資料や問題文には、さまざまなデータが潜んでいる。
　設問で指示されたり、要求されたりしている条件を1つ1つピックアップして書き出してみると、データなどの拾い間違えや拾い忘れを防げる。
　この問題の場合は、設問分の最後に注意書きのように記されている入園料の割引制度、駐車料金の無料の有無にも注意を怠ってはいけない。

POINT 3
計算は正確に行う

　計算式を導き出すのは難しくはないが、かなりの計算力が求められる。筆算で正確にかつ速く答えを出せるように日頃から練習を。
　また、資料解釈の問題では、与えられた一部のデータから別の値や全体の値を求める設問も出る。この場合、求める値をxとし、何と何が等しいのか考え、その2つを＝（イコール）で結び、方程式をつくろう。方程式をつくるときは、設問文をよく読むこと。

類題にトライ Let's TRY!

やり方がわかったところで、忘れないうちにもう一度！

次の資料を使って、問1〜問3の設問に答えなさい。

資料

地域	人口(千人)	面積(km²)	100km²あたりの公園の数(個)
W市	200	10000	23
X市	400	36000	6
Y市	1000	50000	10
Z市	150	3000	35

上記表はある県の市の人口、面積、公園の数を集計したものである。

問1 公園の数がいちばん多いのはどの都市か。

A W市　　B X市　　C Y市　　D Z市

問2 人口1000人あたりの公園の数が多い市を、多い順に2つあげなさい。

A W市、Y市　　B W市、Z市　　C X市、W市
D X市、Z市　　E Z市、X市　　F Z市、W市
G Y市、W市　　H Y市、X市

問3 Z市の公園の数は県全体の5%にあたる。県全体の公園の数は何個か。

A 2100個　　B 2205個　　C 5000個
D 21000個　　E 22050個　　F 50000個

◆答え：**問1** C　　**問2** B　　**問3** D

◆解説：**問1** W市…$10000÷100×23＝2300$（個）
X市…$36000÷100×6＝2160$（個）
Y市…$50000÷100×10＝5000$（個）
Z市…$3000÷100×35＝1050$（個）

問2 W市…$2300÷200＝11.5$（個）
X市…$2160÷400＝5.4$（個）
Y市…$5000÷1000＝5$（個）
Z市…$1050÷150＝7$（個）

問3 県全体の公園の数$＝1050×\dfrac{100}{5}＝21000$（個）

5 第5回 図で解く

1. 集合

点取りやすさ
★★★★

ここで出題されるのは、ある集合の中から指定された条件
に合致するものを求めるというもの。
集合の問題は、ベン図を利用して解いていきます。

ここでやること

1 データを読み取る

2 ベン図をかく

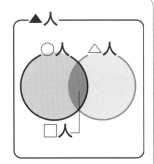

3 該当する数を求める

どちらかに該当(●)
→○＋△－□
どちらにも該当しない
→▲－●

　ここでは、**与えられた資料をまとめて、答えを導き出せるか**　という能力が問われています。つまり、採用しようとする企業は、資料を整理して、その内容を把握することができる人かどうかということを確かめたいのです。

　集合に関する問題は、その内容からベン図を作成することができれば、解けたも同然です。

　まずは、**問題を読み取って設問に合ったベン図を作成し**、1分をめやすに設問を解いていきましょう。

まず問題を見る 次の資料を使って、
問1、問2の設問に答えなさい。

小学生600人に修学旅行についてのアンケート調査を行ったところ、下のような結果になった。

資料

質問事項		回答	
		はい	いいえ
海について	行ったことがありますか	360	240
	好きですか	410	190
山について	行ったことがありますか	190	410
	好きですか	270	330

問1 「海に行ったことがあり、海が好きだ」と答えた人が260人いた。「海に行ったことがなく、海が好きでない」と答えた人は何人いたか。

A　20人　　　B　50人　　　C　90人　　　D　110人
E　150人　　F　190人　　G　240人　　H　340人

問2 「海も山も好きだ」と答えた人が120人いた。「海も山も好きでない」と答えた人は何人いたか。

A　20人　　　B　40人　　　C　60人　　　D　120人
E　150人　　F　190人　　G　200人　　H　340人

GUIDE

　ベン図と聞いて、「えーっ、それって何のこと？」と思った人も、右の図を見て、「あ〜、この図、どっかで見たことあるな」と感じたことと思います。そうです、この図がベン図です。
　ここでは、まずアンケートの質問事項がどんなものかを確認します。ポイントは、そこから **質問事項、回答結果を用いてベン図を作成する** ことです。ベン図さえかければ、求める答えもおのずと見えてきます。
　思ったより簡単に解けるはずです。まずはやってみましょう。

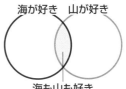
海が好き　山が好き
海も山も好き

「海に行ったことがあり、海が好きだ」と答えた人が260人いた。「海に行ったことがなく、海が好きでない」と答えた人は何人いたか。

A	20人	B	50人	C	90人	D	110人
E	150人	F	190人	G	240人	H	340人

問われているのは

ここで問われているのは、「海に行ったことがありますか」「海が好きですか」という2つの質問に、両方 "いいえ" と答えた人の人数ですよね。

解法は

POINT 1

ここでのポイントは、**アンケート調査の質問と回答をまとめてベン図にする** ことです。ベン図を見て計算式を立てれば、集合の問題は簡単です。

POINT 2

アンケート調査では複数の質問を行っていますが、この問題は海についてなので、資料の中で **必要な海についての質問だけをまとめていきます。**

海に行ったことがありますか	はい…360人	いいえ…240人
海が好きですか	はい…410人	いいえ…190人
両方はいと答えた人	260人	

POINT 3

では実際に、ベン図をつくってみましょう。

全体600人を大きな四角でかきます。

その四角の中に「海に行ったことがある」で "はい" と答えた人数、「海が好きだ」で "はい" と答えた人数を円で表します。**2つの円が重なる部分は両方の質問に "はい" と答えた人数** ということになります。

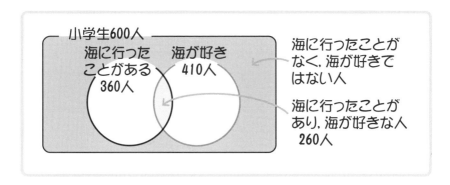

このようなベン図ができますね。

この図を見ると、四角の中で円の外の部分が「海に行ったことがなく、海が好きでない」と答えた人の数ということがわかると思います。したがって、設問で問われている両方 "いいえ" と答えた人数は　　になります。求めるのは、ベン図から、

「　　−○○の部分の人数」

ということになります。

やってみよう

それでは、2つの円に記入された人数を求めてみましょう。

海に行ったことがある人が360人、海が好きな人が410人なので単純に合計をしてみると

360＋410＝770（人）

しかし、それぞれの円の人数は次のようになっています。

海に行ったことがある人の人数

＝ もう一方の質問に "いいえ" と答えた人 ＋ 両方 "はい" と答えた人

海が好きな人の人数

＝ もう一方の質問に "いいえ" と答えた人 ＋ 両方 "はい" と答えた人

これでは、両方 "はい" と答えた人を表す円の重なっている部分の人数が二重にカウントされているのです。

このことから、770人から円の重なっている部分の260人を引くことにしましょう。

もうひといき

　全体の人数600人、海に行ったことのある人360人、海の好きな人410人、海が好きで行ったことのある人260人より

　　全体の600人 − （２つの円の人数 − 円が重なっている部分の人数）

　　＝600 − （360 ＋ 410 − 260）

　　＝600 − 510

　　＝90（人）

（➡計算の順序が不安な人は、123ページの　ど忘れコーナー4　へ）

答えは　◎

　Cですね。

問2　「海も山も好きだ」と答えた人が120人いた。「海も山も好きでない」と答えた人は何人いたか。

A	20人	B	40人	C	60人	D	120人
E	150人	F	190人	G	200人	H	340人

！問われているのは

　この設問では、アンケート調査で「海が好きだ」に"いいえ"、「山が好きだ」に"いいえ"と答えた人の人数が問われています。

！解法は

　まずは、**問1**と同様にベン図をかいてみましょう。

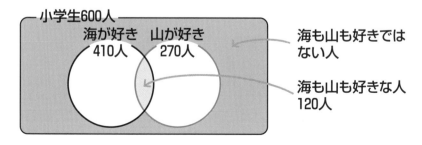

小学生600人

海が好き　410人　　山が好き　270人

海も山も好きではない人

海も山も好きな人　120人

この設問では「海に行ったことがある」「山に行ったことがある」という質問はまったく関係がありません。なので、その質問についてはベン図に記入する必要がありません。

「海も山も好きでない」と答えた人の数は、円の外の部分になるので、全体の600人から、円の重なり分を引いた2つの円の人数を引きます。これは、ベン図の ▨ の部分ですね。くれぐれも両方"はい"と答えた人を表わす円の重なっている部分が二重になっている点に注意をしましょう。

やってみよう 👉

全体の人数は600人、海の好きな人は410人、山の好きな人は270人、海も山も好きな人は120人より、

$$600 - (410 + 270 - 120) = 600 - 560 = 40（人）$$

答えは 🎯

B になります。

ど忘れコーナー 4 ×と÷ 計算の順序はどうだっけ？

計算の順序を間違えると答えが違ってしまう！要注意。

式には、かっこがついていたり、＋、－、×、÷などの符号が混じっていたりするものがある。計算の順序には一定の決まりがあり、この順序を間違えると、答えが違ってきてしまう。計算の順序を守ること。また、式をつくるときも、先にやる計算にかっこをつけておけば、計算のときに順番がわかりやすい。

■覚えておこう
計算は次の順序で行う。
①かっこ内
②掛け算、割り算
③足し算、引き算

ポイントのまとめ
集合

POINT 1
ベン図をかこう！

集合の問題では、まずベン図を作成すること！　資料から、何はどれだけ…というのを読み取って、ベン図で表せるようにしておくこと。

POINT 2
たくさんの資料にだまされるな！

与えられた資料にはさまざまなデータがのっている。
ベン図は、答えに必要な資料だけを使ってつくること。

POINT 3
円が重なる部分には注意！

ベン図の円が重なる部分は、人数が二重になっている。
2つの円の合計、つまり、⊗⊗の人数を求めるときには、二重になっている人数を引くことを忘れずに。

類題にトライ

やり方がわかったところで、忘れないうちにもう一度！

Let's TRY!

次の設問に答えなさい。

小学生300名に旅行についてのアンケートを行ったところ、次のような結果になった。

資料

質問事項		アンケート結果	
		ハイ	イイエ
北海道について	行ったことがありますか	160	140
	好きですか	210	90
沖縄について	行ったことがありますか	250	50
	好きですか	270	30

「北海道にも沖縄にも行ったことがない」と答えた人が20人いた。「北海道と沖縄のどちらか一方に行った」と答えた人は何人いたか。

A　20人　　B　40人　　C　60人　　D　120人
E　150人　　F　190人　　G　200人　　H　340人

◆答え：E
◆解説：「北海道と沖縄のどちらか一方に行った」の意味を考える。
　　　設問には「北海道にも沖縄にも行ったことがない」数値（20人）が示されているから、表現の言い回しに注意しながら探ること。
　　　つまり、求めるのは「（沖縄には行ったが）北海道には行ってない」か「（北海道には行ったが）沖縄には行ってない」かの人数と同じになる。
　　　ベン図を作ってみる。

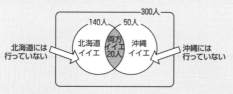

①　北海道には行ってない（沖縄には行った）人＝140－20＝120（人）
②　沖縄には行ってない（北海道には行った）人＝50－20＝30（人）
よって、120＋30＝150（人）

次の説明を読んで、問１、問２の設問に答えなさい。

300人に雑誌Ｐ、Ｑ、Ｒを購読している調査を行った。Ｐを購読しているのが230人、Ｑを購読しているのが98人、Ｒを購読しているのが110人だった。また、3誌を購読している人が25人、3誌とも購読していないのが10人だった。

問1 Ｐ、Ｑの2誌だけを購読しているのが42人のとき、Ｒのみ購読しているのは何人か。

A 17人　　B 22人　　C 24人
D 29人　　E 33人　　F 38人

問2 Ｑのみ購読が21人とわかった。Ｐのみ購読しているのは何人か。

A 34人　　B 52人　　C 67人
D 88人　　E 117人　　F 123人

◆答え：**問1** D　　**問2** E

◆解説：**問1** 右のような三重のベン図をつくって考えよう。「3誌購読」と「3誌とも不購読」はそれぞれキとクにあたる。

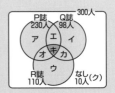

「Ｒのみ」と「Ｐ、Ｑの2誌だけ」はそれぞれウとエにあたるから、

全体－（Ｐ＋Ｑ－エ－キ）＝ウ＋ク

300－（230＋98－42－25）＝ウ＋10

ウについて計算すれば、ウ＝29（人）

問2 「Ｐのみ」と「Ｑのみ」はベン図のそれぞれアとイにあたるから、最初に、Ｑ購読者に着目すれば、設問よりイ＝21人だからカは

カ＝Ｑ全体－イ－エ－キ＝98－21－42－25＝10（人）

また、Ｒ購読者に着目すれば、**問1**の結果（ウ＝29人）よりオは

オ＝Ｒ全体－ウ－カ－キ＝110－29－10－25＝46（人）

よって、

ア＝Ｐ全体－エ－キ－オ＝230－42－25－46＝117（人）

2. 図点分布

この図点分布問題は、グラフ上に点でデータが示され、それを見て、文章による条件の読み取りや計算をさせるSPI特有の問題です。次のようなことをやっていきます。

ここでやること

1 グラフを読む

2 条件と比べる

3 点をさがす

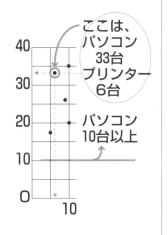

ここでは、**条件を理解し、図点の分布との関連を読み取れるか** という能力が問われているのです。企業側は、文章の条件やグラフのデータをすぐに見分ける力がある人材なのかを、こういう問題から探っているのです。見慣れない問題ですが、その内容は簡単なものなので、**一度練習しておけば、本番でスムーズに解けるはず**です。

この手の問題は、まず文章の条件とグラフの縦軸と横軸の内容を30秒程度で把握して、それから各設問に入りましょう。設問によっては、すぐに解答できるものもあります。1問平均45秒で通過したい問題です。

次の説明を読んで、
問1〜問3の設問に答えなさい。

ある市では、各学校のOA機の台数を、次のように定めた。

条件ア　各校で20台以上のパソコンを設置する。

条件イ　各校でパソコン2台に対して1台以上のプリンターを設置する。

条件ウ　各校のパソコンの台数は40台以下にする。

条件エ　各校のプリンターの台数は、パソコンの台数以下にする。

条件オ　各校のパソコンとプリ
ンターの合計台数は74
台以下にする。

右の図は、パソコンの数を縦軸
に、プリンターの数を横軸に図
示したものである。各点はその
該当数を示してある。

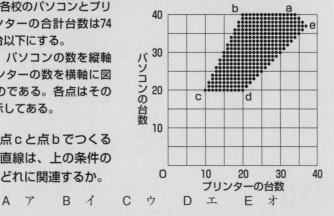

問1　点cと点bでつくる
直線は、上の条件の
どれに関連するか。

A ア　　B イ　　C ウ　　D エ　　E オ

問2　点aと点eでつくる直線は、上の条件のどれに関連するか。

A ア　　B イ　　C ウ　　D エ　　E オ

問3　パソコンが1台200000円、プリンターが1台50000円のとき、
点a、b、c、d、eにおいて、購入総額が最高額になる点と
最低額になる点の差額はいくらか。

A　3500000円　　　B　4200000円　　　C　5000000円
D　5200000円　　　E　6000000円　　　F　8000000円

非常に難解な問題のように見えますね。しかし実際は、それほど難しい問
題ではありません。まずは、それぞれの点におけるパソコンとプリンターの
台数を、グラフから読み取りましょう。**グラフから読み取った数値と与えら
れた条件を見比べる**　と、なんらかの関連が見えてくるはずです。

それでは、設問に進みましょう。

問1 点cと点bでつくる直線は、上の条件のどれに関連するか。
A ア　B イ　C ウ　D エ　E オ

問われているのは

ここでは、点cと点bを通る直線がどのような意味をもっているかが問われています。まずは、点cと点bが何を表しているか考えてみましょう。

解法は

最初に、グラフの読み取り方を確認しておきましょう。

点は、縦軸の目もりでパソコンの台数、横軸の目もりでプリンターの台数を表しています。グラフが読めたら、点cと点bを通る直線を引いてそれがどの条件と一致するか考えます。

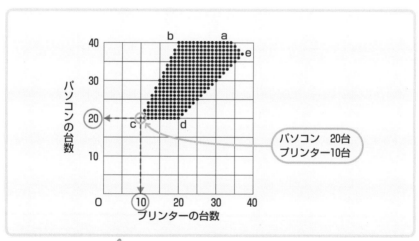

やってみよう

POINT 1

まずは、**与えられた点が何を表しているかグラフから読み取ります**。ここでは、点cと点bがそれぞれ何を表しているか、ということです。

点cは、パソコンの台数…20台
　　　　　プリンターの台数…10台
点bは、パソコンの台数…40台
　　　　　プリンターの台数…20台
つまり、プリンターの台数：パソコンの台数＝1：2になっていますね。

POINT 2

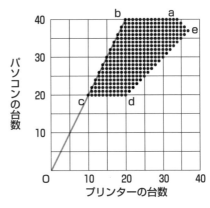

　次に点cと点bでつくる直線を引くと、右の図のようになります。
　この直線は、**原点を通る直線になっているので、比例関係を表していること**がわかります。つまり、プリンターの台数：パソコンの台数＝一定　という関係になりますね。つまり、直線は、プリンターの台数：パソコンの台数＝1：2を表し、一定の比例関係なので、プリンターの台数の2倍がパソコンの台数であることを示しています。

POINT 3

　ここで、**与えられた条件のうち、関連のあるものはどれかを検討します。**
　パソコンの台数がプリンターの2倍なので、「条件イ　各校でパソコン2台に対して1台以上のプリンターを設置する」に関連していますね。

答えは
　Bになります。

問2　点aと点eでつくる直線は、上の条件のどれに関連するか。
　　　　A　ア　　B　イ　　C　ウ　　D　エ　　E　オ

問われているのは

　ここで問われているのは、点aと点eを通る直線が何を表しているかです。

　この直線は原点を通る直線ではありません。そこで、それぞれの点の共通性を考えていきましょう。

解法は

　点aと点eのつくる直線は右の図のようになります。

　点aと点eは次のようなことを表していますね。

　　　点aは、パソコン…40台
　　　　　　プリンター…34台
　　　点eは、パソコン…37台
　　　　　　プリンター…37台

　ここで、点aと点eのパソコンとプリンターの台数の合計が等しいことに気づきましたか。

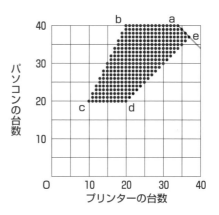

　パソコンとプリンターの台数の合計は

　　　点a…40＋34＝74（台）

　　　点e…37＋37＝74（台）

　したがって、「条件オ　各校のパソコンとプリンターの合計台数は74台以下にする」に関連していることがわかります。

答えは

　Eですね。

問3 パソコンが1台200000円、プリンターが1台50000円のとき、点a、b、c、d、eにおいて、購入総額が最高額になる点と最低額になる点の差額はいくらか。

A 3500000円　　B 4200000円　　C 5000000円
D 5200000円　　E 6000000円　　F 8000000円

！問われているのは

　ここでは、点a、b、c、d、eにおいて、購入総額が最高額になる点と最低額になる点の差額が問われています。もちろん、それぞれの点における購入総額を求めれば解けますが、これでは時間がかかってしまいます。

！解法は

　この場合、パソコンのほうがプリンターよりも高いので、まずはパソコンの台数に注目します。購入価格の高いパソコンの台数が最も多いのは点aと点bですね。しかし、点aのほうがプリンターの台数が多いので、点aが最高額となります。最低額は、両方の台数が最も少ない点cです。

やってみよう

最高額の点aは、パソコン…$200000 \times 40 = 8000000$（円）

プリンター…$50000 \times 34 = 1700000$（円）

よって、購入総額は、$8000000 + 1700000 = 9700000$（円）

最低額の点cは、パソコン…$200000 \times 20 = 4000000$（円）

プリンター…$50000 \times 10 = 500000$（円）

よって、購入総額は、$4000000 + 500000 = 4500000$（円）

両者の差額は、$9700000 - 4500000 = 5200000$（円）

答えは

Dになりますね。

ポイントのまとめ
図点分布

POINT 1
グラフを読み取る！

与えられた点が示している数値を読み取ることができないと、図点分布の問題は解答できない。確実にグラフを読み取れるようにしておこう。

POINT 2
引かれた直線に注目する！

与えられた2点を結ぶ直線を実際に引いてみよう。もし、その直線が原点を通るようならば、比例関係が成り立ち、横軸に与えられた数値と縦軸に与えられた数値の間には一定の比が成り立つ。

POINT 3
条件と比較する。

まず、グラフから読み取った数値にどのような規則性があるか考えよう。その後、与えられた条件のうち、その規則性と関連するものはどれか見比べていこう。

Let's TRY!

次の説明を読んで、問1～問4の設問に答えなさい。

ある携帯電話の製造にあたり、重さとコストの両面から部品A（1個15g、200円）、B（1個10g、75円）の使用個数について、次のように定めた。

条件ア　Aの数は5個以上にする。
条件イ　Aの数は20個以下にする。
条件ウ　Bの数は10個以上にする。
条件エ　Bの数は30個以下にする。
条件オ　Aの使用個数はBの使用個数の
　　　　4個以下にする。
ただし、右の図の各点は部品A、Bの該
当数を示してある。

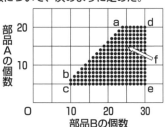

問1　点aと点bでつくる直線は、上記条件のどれに関連するか。

A　ア　　　B　イ　　　C　ウ　　　D　エ　　　E　オ

問2　点fにかかるコストはいくらか。

A　3750円　　B　3975円　　C　4250円　　D　4875円
E　4980円　　F　5250円　　G　5550円　　H　5875円
I　6025円

問3　点a、点b、点c、点d、点eのうち点fより軽くなるのはどれか。

A　点a　　B　点b　　C　点c　　D　点d　　E　点e
F　点aと点b　　G　点bと点c　　H　点bと点cと点e
I　点aと点bと点c

問4　条件ア～オに条件カ「AとBの合計を45個以下とする」を追加したとき、全ての条件を満たす点で表される図形はどれか。

A　　　　　B　　　　　C　　　　　D　　　　　E

◆答え：**問1** E **問2** D **問3** H **問4** D

◆解説：**問1** 点a、bにおける部品A、Bの個数を求めて、その共通点を探す。

点aは、Aが20個、Bが24個

点bは、Aが6個、Bが10個

つまり、どちらの場合でも、

B－A＝4（個） になっている。

さらに、点a、bを結ぶ直線上のどの点についても同じことがいえる。

よって、条件オの「Aの使用個数はBの使用個数の4個以下」に関連している。

問2 点fは「Aが15個、Bが25個」を表わす点である。

代金＝単価×個数より、点fにかかるコストは

$200 \times 15 + 75 \times 25 = 4875$（円）

問3 まず、点の位置関係より、計算しなくても次のことがいえる。

点bと点cは部品の数がA、Bとも点fより少ないから、その重さは点fより軽い。

点dは部品の数がA、Bとも点fより多いから、その重さは点fより重い。

次に、重さ＝1個の重さ×個数より、

他の点の重さを計算し、点fの重さと比べる。

点aは、$15 \times 20 + 10 \times 24 = 540$（g）

点eは、$15 \times 5 + 10 \times 30 = 375$（g）

点fは、$15 \times 15 + 10 \times 25 = 475$（g）

よって、点b、c、eが点fより軽くなる。

問4 条件イより「Aの数の上限」は20個だから、そのときのBの数は25個で、それに適する点はa。

条件エより「Bの数の上限」は30個だから、そのときのAの数は15個で、それに適する点は下の図の点gにあたる。

よって、点a、点gを結んだ直線より点d側にある点はすべて条件オに適さない。

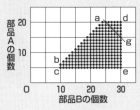

第6回 推理して解く

1. 推理（勝ち負け）

点取りやすさ
★★★★

推理で出される問題のパターンは、与えられた複数の条件から確実にいえることを推測し、結果を導き出すというもの。そこで、今回のやることは次のようになります。

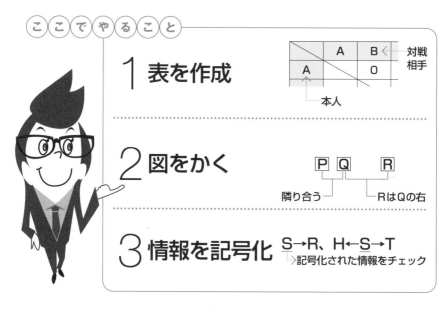

ここでやること

1 表を作成

	A	B
A		0

対戦相手

本人

2 図をかく

P Q　　R

隣り合う　　RはQの右

3 情報を記号化　S→R、H←S→T
記号化された情報をチェック

　ここでは、**条件を読み取って推理できるか**　という能力が問われています。つまり、企業側は、採用しようとする人が自分のおかれた局面をどのように判断し、先に進んでいくか、こういうことを確かめたいのです。

　この手の問題を解くポイントは、**条件を表や図にすること**　です。この方法がいちばん速くて確実です。計算は必要ないので、計算が不得意な人はここで必ず得点しましょう。それでは、1分20秒をめやすに、設問を1つずつ解いていきましょう。

まず問題を見る 次の問１、問２の設問に答えなさい。

問1 A、B、C、Dの4人がテニスのリーグ戦を行ったところ、次のような結果になった。
- ① Aは2勝1敗であった。
- ② Cは全勝であった。

このとき、確実にいえるのは次のア〜エのうちどれか。ただし、引き分けはなかったものとする。

ア　BはDに勝った。　　　イ　Dは全敗であった。
ウ　4位はBであった。　　エ　AはDに勝った。

A　ア　　　　B　イ　　　　C　ウ　　　　D　エ
E　アとイ　　F　アとウ　　G　イとウ　　H　ウとエ

問2 A〜Fの6チームが、図のトーナメント表にしたがって試合を行った。次のことがわかっている。
- ① AはDに勝った。
- ② FはCに勝った。
- ③ Eは準優勝だった。

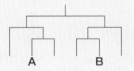

このとき、確実に言えることは次のどれか。
A　Aは2勝した　　　B　Bは1勝した
C　Cは1勝した　　　D　Dは2勝した
E　Fは優勝した

　推理の問題を解くポイントは、**表や図をつくる**　ことがポイントです。まずは問題にサッと目を通し、どんな表や図をつくればいいのかを判断しましょう。あとはその表や図に、設問で与えられた条件を1つずつ記入していくだけです。

　設問文中に、表や図を完成させるのに十分な条件が与えられているとは限りません。わからないところには「？」をつけておきましょう。

　推理の勝ち負け問題は、**リーグ戦かトーナメント戦**　を題材にした問題になります。

　それでは、設問に入りましょう。

問1 A、B、C、Dの4人がテニスのリーグ戦を行ったところ、次のような結果になった。

① Aは2勝1敗であった。
② Cは全勝であった。

このとき、確実にいえるのは次のア〜エのうちどれか。
ただし、引き分けはなかったものとする。

ア Bは D に勝った。　　イ D は全敗であった。
ウ 4位は B であった。　　エ A は D に勝った。

A ア　　　B イ　　　C ウ　　　D エ
E アとイ　　F アとウ　　G イとウ　　H ウとエ

問われているのは

ここで問われているのは、4人がリーグ戦を行ったときの勝敗です。

解法は

POINT 1

頭の中で考えていても、なかなか条件を整理することができませんね。推理の問題のポイントは、**問題から表、図を作成すること** です。この問題ではリーグ戦を行っているので、下のようなリーグ戦の勝敗表をつくります。

まずは表のいちばん上といちばん左に、それぞれの名前を書きます。そして、左上から右下に斜線を引きましょう。

	A	B	C	D
A				
B				
C				
D				

A と A、B と B のように自分と対戦することはないので、左上から右下に斜線を引く

次に、与えられた条件を表に記入します。勝ちは○、負けは×で表します。わかりやすいところから条件を記入していきましょう。

やってみよう 👆

　Cは全勝なので、A、B、Dすべてに勝っていることになります。そこで、「② Cは全勝であった」から記入してみましょう。

　Cは全勝なのですべて〇。そこからCと対戦した人は負けということもわかるので、ほかの3人のCとの対戦はすべて×にします。

	A	B	C	D
A			×	
B			×	
C	〇	〇		〇
D			×	

←対戦相手

←Cは全勝した

↑本人　　　　　　↑Cとの対戦はすべて負け

　Aは②の条件から、Cに負けたことがわかります。

　次に、「① Aは2勝1敗であった」を記入しましょう。

　2勝1敗なので、Cに負けたAは、BとDには勝ったことがわかります。

	A	B	C	D
A		〇	×	〇
B	×		×	?
C	〇	〇		〇
D	×	?	×	

⇠······ AはB、Dには勝った

⇠······ BとDの対戦は不明

↑······ B、DはAに負けた

POINT 2

　条件は①と②の2つだけで、残りの部分ははっきりしないので「**?**」をつけたままにします。

もうひといき 💬

　確実にいえるものをさがしていきます。

　アの「BはDに勝った」は、勝敗表からBとDの対戦は「?」となっているので、勝ったかもしれませんが、確実ではありません。イの「Dは全敗であった」は、DはBとの対戦が「?」になっているので、これも確実とはい

えません。さらに、ウの「4位はBであった」は、やはりDとBの対戦が「？」なので、Bは3位か4位かわかりません。

エの「AはDに勝った」は、勝敗表から明らかです。

答えは

D ですね。

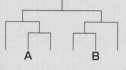

問2 A〜Fの6チームが、図のトーナメント表にしたがって試合を行った。次のことがわかっている。
① AはDに勝った。
② FはCに勝った。
③ Eは準優勝だった。

このとき、確実にいえることは次のどれか。
A Aは2勝した　　　　B Bは1勝した
C Cは1勝した　　　　D Dは2勝した
E Fは優勝した

問われているのは

ここで問われているのは、6人がトーナメント戦を行ったときの勝敗です。トーナメント戦はリーグ戦と違って、負けるとその時点で敗退となります。

解法は

POINT 1

トーナメント戦でも、与えられた条件①、②、③から**トーナメント表を完成**させましょう。

やってみよう

まず、問題に与えられたトーナメント表のAが属する側をAブロック、Bが属する側をBブロックとして、考えます。

やってみよう

③の「Eは準優勝だった」つまり「Eは決勝まで勝ち上がった」ことに着目して、他の条件について確実にいえることを検証してみましょう。

①AはDに勝った（つまり「AとDは戦った」）

　　③の条件より、AとDは決勝での対戦ではない。しかし、DはAと戦っているのだから、Aブロックでないといけない。

②FはCに勝った（つまり「FとCは戦った」）

　　③の条件より、FとCは決勝での対戦ではない。また、上記よりAとDはAブロックなのだから、FとCはBブロックでないといけない。

POINT 2

すると、AブロックにはA、D、Eが、BブロックにはC、B、Fが入ることになる。しかし、1回戦のAとの対戦相手が準優勝したEなら「Aは次の試合には進めない」ので、Dとの対戦は不可能だから、Aブロックのトーナメント表は下図のように**1通り**　に決まります。

また、Bブロックは1通りとはならず、下図の**2通り**　が考えられます。

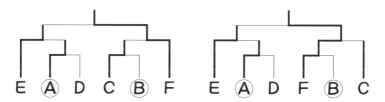

もうひといき
POINT 3

確実にいえるものを選択肢からさがします。

・Aの「Aは2勝した」は、「Aは1勝しかできない」から誤り。

・Bの「Bは1勝した」は、「Bは1勝もできない」から誤り。

・Cの「Cは1勝した」は、左側のトーナメント表では1勝しているが、右側のトーナメント表では0勝だから、確実にいえるものではない。

・Dの「Dは2勝した」は、「Dは1勝もできない」から誤り。

・Eの「Fは優勝した」は、両方のトーナメント表でいえるから、正しい。

答えは

Eになります。

ポイントのまとめ
推理

POINT 1
推理は表、図をつくること！

推理の問題は、頭だけで考えようとすると、かえって時間がかかってしまう。
問題に適した表、図を作成できるかどうかがポイントとなる。
その際、自分独自の作成法を身につけておくとあわてることがないので、日
頃の練習が必要となる。

POINT 2
表、図は完成できないことが多い。あせるな！

表や図を条件から作成するが、一部分が「？」だったり、あいまいだったり
することがある。不明なら「？」をつけて読み進み、選択肢を見ながら確認
していこう！
また、表や図は1通りとは限らないので、条件などをよく確認すること。

POINT 3
何を問われているかを見極めよう！

推理の問題では選択肢について「正しい」「必ずしも正しくない」「誤り」「必
ずしも誤りではない」など様々な問われ方があるので、意味を取り違えない
ように注意しよう。

＊＊以上のPOINTは、次の項目『2．位置』『3．順序』『4．論理』でも適用する。

類題にトライ Let's TRY!

やり方がわかったところで、忘れないうちにもう一度！

次の説明を読んで、設問に答えなさい。

A〜Eの5人がリーグ戦でテニスの試合をした。
その結果をそれぞれに聞いたところ次のように答えた。

　　A：私は2勝2敗でした。
　　B：私は1勝3敗で、Cに勝ちました。
　　C：私はEに勝ったが、Dには負けた。
　　D：私はAには負けなかった。
　　E：私は3勝1敗でした。

以上のことから正しくいえるのは、次のどれか。ただし、引き分けはなかったものとする。

A　Dは全勝で優勝した。	B　AはBとEに勝った。
C　Cは2勝2敗だった。	D　全勝の人はいなかった。
E　CはAに勝った。	F　EはDに負けた。
G　Eが勝ったのはA、B、Cだ。	H　Dが負けたのはAだ。

◆答え：D
◆解説：勝ちを○、負けを×として、次の手順でリーグ戦の勝敗表をつくる。
　　① Bの証言よりBの○×が判明し、同時に、Bの対戦相手の○×も判明。
　　② CとEの証言よりEの○×が判明、同時に、CとEの対戦相手の○×も判明。
　　③ DとAの証言よりAとBの○×が判明。
　　つまり、下のような勝敗表になる。

	A	B	C	D	E
A		○	○	×	×
B	×		○	×	×
C	×	×		×	○
D	○	○	○		×
E	○	○	×	○	

次の設問に答えなさい。

A〜Gの7チームが下のトーナメント表の①〜⑦のどれかに割りふられ、バスケットボールの試合を行った。次のⅠ〜Ⅲがわかっているとき、正しいのは下のうちどれか。

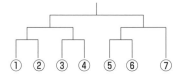

Ⅰ．AはGに勝ち、Fに負けた。
Ⅱ．EはCに勝ち、Aに負けた。
Ⅲ．DはFと対戦しなかった。

A　AはGと2回戦で対戦した。	B　Bは1回戦で負けた。
C　Cはシード権があった。	D　DはBと対戦した。
E　Eは決勝戦に出た。	F　Fは3戦3勝であった。

◆答え：D
◆解説：トーナメント戦は負けるとその場で敗退するシステムである。条件をさぐって順序よくトーナメント表を上がっていくが、優勝するためにシードチーム以外は3回戦うことになる。

① 条件ⅠとⅡより「AはG、F、Cと戦っている」から、Aは「1回戦から出場して決勝まで駆け上がり、2勝1敗である」ことになる。

② 条件Ⅰより「AはFに負けている」から「決勝戦はAとF」で「Fが優勝した」ことになる。
また、「AとFは別々のブロック」になることもわかる。

③ 条件Ⅱより「EとAは2回戦で戦う」ことになるから、「AとG、EとCは左のブロック内の①②③④のどれかで、それぞれ1回戦で対戦した」ことになる。よって、「B、D、Fが⑤⑥⑦の右のブロック」になる。

④ 条件Ⅲより「DはFと対戦しない」から、「DはBと1回戦（⑤⑥）で対戦し敗れ、Fがシードされ⑦」になる。

つまり、下のようなトーナメント表が考えられる。

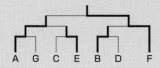

2. 推理（位置）

推理の位置問題は与えられた情報から位置を推定します。
訪問先の順番を特定する問題、移動先を推定する問題など
色々なパターンがあります。

まず問題を見る 次の問1、問2の設問に答えなさい。

問1 PからTまでの5人が横1列に並んでいる。互いの位置関係について、次のことがわかっているとき、下のア〜エのうち確実にいえることは次のどれか。
① Qより右にSがいる。
② Sより右にRが、左にTがいる。
③ Tのすぐ右にPがいる。
ア Pは右から4番目。　イ Qは右から3番目。
ウ Sは右から2番目。　エ Tは右から5番目。

A アのみ　B イのみ　C ウのみ　D エのみ
E アとエ　F イとウ

問2 右の表の数値はある規則にしたがい次に移動する位置を示している。

42	31	12	52	43
32	35	21	34	11
25	41	51	13	22
53	44	54	24	14
33	23	45	55	15

Y（縦軸）、X（横軸）

各欄の数値は十の位がX、一の位がYを表し、次の移動先を示している。Xであれば左からのX番目、Yであれば下からのY番目の箇所に移動し、その位置を「XY」と表す。たとえば「45」の位置には 52 と書かれているから、次に 14 と書かれている位置に移動する。

（1） 上の表の「３３」の位置から４回移動すると、どの
位置になるか。

A 「１２」　　B 「１５」　　C 「２４」
D 「３５」　　E 「４２」　　F 「５１」

（2） ３回移動すると、上の表の「４１」の位置になった。
最初はどの位置だったか。

A 「１２」　　B 「２１」　　C 「２３」
D 「３４」　　E 「４１」　　F 「５１」

問題文を読み解くのもてこずるし、規則性を1つ1つふるいに掛けながら解きますから**難問**　といっていいでしょう。いずれも、**文章読解力と情報（条件）処理能力が要求**　され、矛盾点をさがし出し、それを消去しながら正解にたどりつきます。

では、頑張ってください。

問1 ＰからＴまでの５人が横１列に並んでいる。互いの位置関係について、次のことがわかっているとき、下のア～エのうち確実にいえることは次のどれか。

① Ｑより右にＳがいる。
② Ｓより右にＲが、左にＴがいる。
③ Ｔのすぐ右にＰがいる。

ア　Ｐは右から４番目。　　イ　Ｑは右から３番目。
ウ　Ｓは右から２番目。　　エ　Ｔは右から５番目。

A　アのみ　　B　イのみ　　C　ウのみ　　D　エのみ
E　アとエ　　F　イとウ

問われているのは

この設問で問われているのは、5人が横1列に並んだときの位置関係について確実にいえることですね。条件をもとに並び順を考え、図にしてみます。

解法は

それぞれの条件を図にして考えてみましょう。

① Qより右にSがいる。

② Sより右にRが、左にTがいる。

③ Tのすぐ右にPがいる。

①、②の条件では、位置関係はわかりますが、隣りだということまではわかりません。このことを考慮して条件をまとめていきます。

やってみよう

3つの条件をまとめてみると、

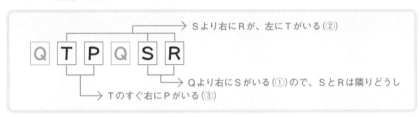

Qの位置が定まりませんが、「① Qより右にSがいる」から、いちばん左かPとSの間ということはわかります。

ここから、選択肢を確認していきます。

アの「Pは右から4番目」は、QがPとSの間にいればPは右から4番目になりますが、Qがいちばん左にいることも考えられるので確実ではありません。イの「Qは右から3番目」は、Qの位置はいちばん左かもしれないので、確実とはいえません。また、ウの「Sは右から2番目」は、Qの位置とは関係がないので、確実です。エの「Tは右から5番目」は、Qの位置によって変わってくるので、確実とはいえません。

したがって、確実にいえるのはウのみです。

答えは

Cになります。

（1）上の表の「３３」の位置から４回移動すると、どの位置になるか。

　　　　　A　「１２」　　B　「１５」　　C　「２４」
　　　　　D　「３５」　　E　「４２」　　F　「５１」

問われているのは

　この設問は問題文が長く、かなりの難問です。問われているのは、表の数値に従って次々に移動する位置をたどれるかです。

解法は

　ポイントは、「ＸＹ」で表示されている数値と ＸＹ で表示されている数値の意味の違い　です。

　たとえば、「２５」と表中の ２５ でいえば、**どちらの数値も十の位の２は左から２番目、一の位の５は下から５番目を表し**、常に対応していますが、

　　　　　「**２５**」　　は、表中の ３１ と書かれている**位置**、つまり、住所で
Ｘ横軸 ↵└**Ｙ縦軸**　　す。

　　　　　２５　　は、表中の ３１ と書かれている「**２５**」の位置に移動
Ｘ横軸 ↵└**Ｙ縦軸**　　**せよ**　というメモ、つまり、伝言です。

やってみよう 👆
POINT 2

　設問の表の中で、たどってみましょう。

　スタート位置「３３」に書かれた数値 ５１ の指示に従い、ＸＹ →移動→「ＸＹ」を４回繰り返し、ゴール位置を目差します。

　スタートは「３３」（ ５１ の所）

① ５１ →移動→「５１」（ １５ の所）

② １５ →移動→「１５」（ ４２ の所）

③ ４２ →移動→「４２」（ ２４ の所）

④ ２４ →移動→「２４」（ゴール）

と、右表のようにたどります。

42	31	12	52	43
32	35	21	34	11
25	41	51	13	22
53	44	54	24	14
33	23	45	55	15

答えは
　C になります。

（2） 3回移動すると、上の表の「41」の位置になった。
最初はどの位置だったか。
A 「12」　　B 「21」　　C 「23」
D 「34」　　E 「41」　　F 「51」

問われているのは

表の数値を逆にたどって最初の位置に戻れるかです。

解法は

（1） とは逆に、ゴール位置からスタート位置を目差します。

やってみよう
POINT 2

やり方は **（1）** と逆の手順をふんで　いけばいい訳です。

つまり、まず、ゴール位置 「41」 から数値 41 の書かれた位置 「23」
をさがし、続いて、「XY」→戻る→ XY （の所）と逆に3回繰り返し、スター
トまでたどります。

ゴールは 「41」 （ 55 の所）

③ 「41」→戻る→ 41 の「23」

② 「23」→戻る→ 23 の「21」

① 「21」→戻る→ 21 の「34」

と、右表の「34」がスタート地点です。

42	31	12	52	43
32	35	21	34	11
25	41	51	13	22
53	44	54	24	14
33	23	45	55	15

答えは
　D ですね。

次の説明を読んで、設問に答えなさい。

ある小学校の先生が家庭訪問を出席番号順に行うこととし、下のA〜Gのように並ぶ7軒の家を訪問する予定だったが、1軒には行けなかった。

訪問の順番に関して次のイ〜ホがわかっているとき、訪問出来なかった家として考えられるのはどれか。

イ．最初に訪問したのはEだった。
ロ．1軒目と2軒目の訪問先の間にもう1軒家があった。
ハ．2軒目と3軒目の訪問先の間にもう2軒家があった。
二．3軒目と4軒目の訪問先は隣接していた。
ホ．4軒目と5軒目、5軒目と6軒目の訪問先の間にそれぞれもう2軒あった。

A　A家　　B　B家　　C　C家　　D　D家　　E　E家
F　F家　　G　G家　　H　A家とB家　　I　B家とC家

◆答え：B
◆解説：① ロより、2軒目はC（下図の細線ルート）とG（下図の太線ルート）。
② ハより、3軒目はCからFに、GからDに。
③ 二より、F（細線ルート）の次の4軒目はEとGが考えられるが、Eは1軒目なので矛盾。同様に、D（太線ルート）の次の4軒目はC。
④ ホより、5軒目でG（細線ルート）はD、C（太線ルート）はF。
⑤ ホより、6軒目でD（細線ルート）はAと決まるが、F（太線ルート）はCになり4軒目とダブって矛盾。
よって、先生の足取りは細線ルートで、訪問していないのはB家である。

3. 推理（順序）

推理の順序問題も情報から矛盾の生じないものを推定します。テストの成績、年齢、背の高さや体重に関する情報を基にその順序を特定する問題など、出題パターンはほぼ決まっています。

まず問題を見る 次の説明を読んで、問１、問２の設問に答えなさい。

S、T、U、Vの4人の期末のテストの順番について、以下のことがわかっている。

① UはSよりも1つ順番が良かった。
② いちばん良かったのはTではない。

問1 次のア、イ、ウで、<u>必ずしも誤りとはいえない</u>ものはどれか。

ア　Vは2番目に良かった。
イ　Tは3番目に良かった。
ウ　Sは1番良かった。

A　アだけ　　B　イだけ　　C　ウだけ
D　アとイ　　E　アとウ　　F　イとウ
G　アとイとウ

問2 上記①、②のほかに、次のア、イ、ウ、エのうち<u>少なくともどの情報</u>が加われば、4人の順番が確定するか。

ア　VはTよりも良かった。
イ　SはTよりも良かった。
ウ　TはVよりも良かった。
エ　VはUよりも良かった。

A　アだけ　　B　イだけ　　C　ウだけ
D　エだけ　　E　アとイ　　F　イとウ
G　アとエ　　H　すべて

順序　問題も、問題文の条件、論理をメモ・表または記号を使って、**自分がわかる図にして解く**　と良いでしょう。

確実に把握できるところからはじめることが解法のポイントです。

本誌の解答ではひとつの方法を例示してありますが、**自分なりにほかの解法（たとえば記号に直してみる）を考えるのも良い方法**　かもしれません。

S、T、U、Vの4人の期末のテストの順番について、以下のことがわかっている。

　①　UはSよりも1つ順番が良かった。
　②　いちばん良かったのはTではない。

問1　次のア、イ、ウで、<u>必ずしも誤りとはいえない</u>ものはどれか。

　　ア　Vは2番目に良かった。
　　イ　Tは3番目に良かった。
　　ウ　Sは1番良かった。

A　アだけ　　B　イだけ　　C　ウだけ
D　アとイ　　E　アとウ　　F　イとウ
G　アとイとウ

問われているのは

①②の2つの発言をもとに、選択肢から「必ずしも誤りとはいえないもの」を選択する問題です。「必ずしも誤りとはいえない」とは、すべてのケースで誤りのわけではないということです。要するに1つでも可能な（正しい）ケースがあるものを選ぶことになります。

ここに注目
POINT 3

推理の正誤を判断する問題では、様々な問われ方のパターンがあり、**何を問われているのかを正確につかむことが大事**　となってきます。よく出てくる表現は次のようなものです。

「正しい」→すべてのケースにおいて正しい。
「必ずしも正しくない」
　　→すべてのケースで正しいわけではない。どれか
　　　1つでも誤っているケースがある。
「誤り」→すべてのケースにおいて誤り。
「必ずしも誤りではない」
　　→すべてのケースで誤りのわけではない。どれか
　　　1つでも正しいケースがある。

解法は

POINT 1

条件を読み解いて、図や表にしてみましょう。この問題では、表にします。

① UはSより1つ順番が良いから、U＞Sの順で必ず連続する。

② Tは1位ではない。

	1位	2位	3位	4位
パターンI	V	T	U	S
パターンII	V	U	S	T
パターンIII	U	S	V	T
パターンIV	U	S	T	V

選択肢をチェックしていきましょう。

ア　Vは2番目に良かった。

どのパターンにもあてはまりません。明らかに誤りです。

イ　Tは3番目に良かった。

Tが3番目になるパターンIVがあります。ということで、これは必ずしも誤りとはいえません。

ウ　Sは1番良かった。

アと同様、パターンにはないので、明らかに誤りです。

答えは

Bですね。

問2 上記①、②のほかに、次のア、イ、ウ、エのうち<u>少なくともどの情報が加われば</u>、4人の順番が確定するか。

　　ア　VはTよりも良かった。
　　イ　SはTよりも良かった。
　　ウ　TはVよりも良かった。
　　エ　VはUよりも良かった。

A　アだけ　　　B　イだけ　　　C　ウだけ
D　エだけ　　　E　アとイ　　　F　イとウ
G　アとエ　　　H　すべて

問われているのは

　問題文で提示されている①②に加えて、<u>4人の順位が確定するために必要な条件</u>を選択肢からさがします。そのとき、E～Hのような複数項目があげられている選択肢は、注意が必要です。問題文に「少なくとも」とあるように、もしアからエの、いずれか1つの情報で確定できる場合は、項目が少ないほうの選択肢を選んでください。

やってみよう

　それぞれの選択肢を**問1**でつくった表に照らし合わせ、順番が確定するかをチェックしていきます。

ア　VはTよりも良かった。
　→VとTの順番はわかるが、ほかのU、Sとの順番が確定できない。

イ　SはTよりも良かった。
　→SとTの順番はわかるが、ほかのU、Vとの順番が確定できない。

ウ　TはVよりも良かった。
　→TがVより良いものはパターンIVのみで、全員の順番が確定する。

エ　VはUよりも良かった。
　→VとUの順番はわかるがほかのS、Tとの順番が確定できない。

答えは 🎯

　Cですね。

類題にトライ Let's TRY!
やり方がわかったところで、
忘れないうちにもう一度！

次の問1、問2の設問に答えなさい。

問1 次の説明を読んで、確実にいえるものは、①〜④のうちどれか。

P、Q、R、S、Tの5人兄弟は、形は同じだがサイズが違うジャケットをもっている。サイズがいちばん大きいのはPで、以下Q、R、S、Tの順となっている。ある朝全員が自分のサイズと違うジャケットを着た。Q、S、Tは自分より大きなジャケットを着ていたが、PとRは自分のサイズより小さいジャケットを着た。また、TはRのジャケットを着ていた。

① QはPのジャケットを着た。
② SはQのジャケットを着た。
③ PはSのジャケットを着た。
④ RはTのジャケットを着た。

A ①のみ　　B ②のみ　　C ③のみ　　D ④のみ
E ①と②　　F ①と④　　G ②と③　　G すべて

問2 S、T、U、Vの4人の学力テストの順番について、以下のことがわかっている。

① UはSよりも順番が良かった。
② Vの点数はSとTの点数の平均点と同じである。
③ 同じ点数の者はいない。

(1) Uの順番として必ずしも誤りとはいえないものは次のどれか。

ア 1番　　イ 2番　　ウ 3番　　エ 4番

A アだけ　　B イだけ　　C ウだけ　　D エだけ
E アとウ　　F イとエ　　G アとイとウ
H アとウとエ

(2) 上記①、②、③に加えて、次のことがわかった。

④ UはTよりも順番が良かった。

上記①、②、③、④のほかに下記のア、イ、ウのうち少なくともどの情報が加われば、4人の順番は確定するか1つ選べ。

ア UはVよりも良かった。
イ Uは1番だった。
ウ TはVよりも良かった。

A アだけ　　B イだけ　　C ウだけ　　D アとイ
E イとウ　　F アとウ　　G アとイとウ

◆解説：**問1**　着たジャケットを○、着ていないジャケットを×とすると、

	P	Q	R	S	T
P		×	×	?	?
Q	○		×	×	×
R	×	×		?	?
S	×	○	×		×
T	×	×	○	×	

① Qは自分より大きいジャケットを着たのだから、Pのジャケット以外にはない。

② TがRのジャケットを着ているので、SはQのジャケットを着ていることになる。

③、④　PとRがSとTのどちらのジャケットを着たのかは特定できない。

問2　（1）　条件より可能性のある4人の順番を推定する。

① $U > S$

② $V = (S + T) \div 2$（人）→③より全員の点数が異なるから、Vの点数はSとTの間と考えられる。

よって、V、S、Tの順番は、次のような2つの場合がある。

　ⅰ　$S > V > T$

　ⅱ　$T > V > S$

①②を合わせて考えると、

ⅰの場合は、$U > S > V > T$

ⅱの場合は、UとT、Vの順番がわからないため、Uの位置について以下の3パターンが考えられる。

　$U > T > V > S$

　$T > U > V > S$

　$T > V > U > S$

以上の4パターンを検討すると、Uの順番として可能性があるのは1番、2番、3番となる。

（2）　条件④より$U > T$であることがわかったので、**（1）**の4パターンからさらに絞られる。

　$U > S > V > T$

　$U > T > V > S$

選択肢をチェックすると、

アの$U > V$はどちらも同じなので確定しない。

また、どちらもUが1番であるので、イでは確定しない。

ウの$T > V$で、順番が$U > T > V > S$と確定する。

4. 推理（論理）

推理の論理問題は、問題文の論理から選択肢の項目と合致
しているか、「正しい」「必ずしも誤りでない」などを選択
する問題です。計算はそれほど難しくありません。

まず問題を見る 次の問１、問２の設問に答えなさい。

問1 小銭入れを確認したら何枚かのコインがあり、その内容は
以下のとおりである。
　① 10円玉と100円玉があった。
　② 10円玉８枚と100円玉が３枚あった。
　③ 少なくとも２種類のコインがあった。
次の推論ア、イ、ウのうち正しいのはどれか。
　ア　①が正しければ、②も必ず正しい。
　イ　②が正しければ、③も必ず正しい。
　ウ　③が正しければ、①も必ず正しい。
　A　アだけ　　B　イだけ　　C　ウだけ　　D　アとイ
　E　アとウ　　F　イとウ　　　G　アとイとウ

問2 200人に４人の芸人の中から１人最も好きな人を選ぶアン
ケートをとったところ、集計結果はW、Z、X、Yの順になっ
た。しかも、同順位はなかった。
Zを選んだ人が50人だったとすると、以下の証言ア、イ、
ウのうち必ずしも誤りとはいえないものはどれか。
　ア　Wを選んだのは51人
　イ　Xを選んだのは49人
　ウ　Yを選んだのは45人
　A　アだけ　　B　イだけ　　C　ウだけ　　D　アとイ
　E　アとウ　　F　イとウ　　　G　アとイとウ

ここでは、問題文の条件や発言を的確に把握できるか、また、どのような
ケースにおいてその論理が当てはまるのか、判断の正確さを問われています。

企業において、**物事を正確に読み取る文章能力、判断力** はどの場面でも
必要です。その側面をためされている問題といえます。

条件などは簡単にメモにまとめ、スピーディーに判断してください。1問
1分30秒をめやすに解いていきましょう。

問1 小銭入れを確認したら何枚かのコインがあり、その内容は
以下のとおりである。
　① 10円玉と100円玉があった。
　② 10円玉8枚と100円玉が3枚あった。
　③ 少なくとも2種類のコインがあった。
次の推論ア、イ、ウのうち正しいのはどれか。
　ア　①が正しければ、②も必ず正しい。
　イ　②が正しければ、③も必ず正しい。
　ウ　③が正しければ、①も必ず正しい。

A　アだけ　　　B　イだけ　　　C　ウだけ　　　D　アとイ
E　アとウ　　　F　イとウ　　　G　アとイとウ

！問われているのは

①、②、③の3つの発言について、●が正しい→★も必ず正しいという論
理が成り立つ組み合わせが問われています。

！解法は

3つの発言とも、1つのこと（財布の中身）について語っていますが、そ
れぞれ情報がどれだけ詳しいかに差があります。その「詳しさ」の順位を考
えていきましょう。

①：10円玉と100円玉がある※確実
　　➡その枚数までは不明
②：10円玉８枚と100円玉３枚がある※確実
　　➡枚数までわかっている
③：少なくとも２種類のコインがある※確実
　　➡その種類・枚数は不明

　いちばん詳しいのは、種類・枚数どちらもはっきりしている②、次に詳しいのは種類がわかっている①ですね。③は種類も枚数も不明なので最もあいまいであるといえます。

POINT 1

　論理問題でも、**与えられた条件を図や表で表してみましょう**。情報の「詳しさ」を表すときは、不等号か円で表すとわかりやすくなります。

＜不等号＞を使う

　詳しい順に不等号で並べます。

　　② ＞ ① ＞ ③ 　詳しいほど情報量が多いと考える。

　詳しい←―――――――――→あいまい

＜円＞を使う

　円の内側ほど内容が詳しいことを表します。

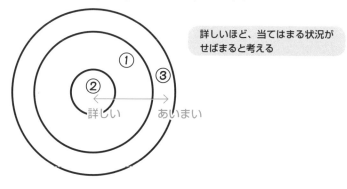

詳しいほど、当てはまる状況がせばまると考える

ある発言が正しい場合は、それよりあいまいな発言は正しいといえます。

　たとえば、①の「10円玉と100円玉がある」が正しければ、③の「2種類のコインがある」も必然的に正しくなります。

　しかし、その逆、それより詳しい発言内容については、正しいとは言いきれません。

　たとえば、①が正しいとしても、②「10円玉8枚、100円玉3枚」なのかはわかりません。

　ということは、図ではどのように見ればよいでしょうか。

　不等式の場合は、左側にあるものが正しければ、それより右にあるものは正しいといえます。また、円の場合は、内側にあるものが正しければ、それより外側にあるものについて確実に正しいことが一目でわかります。

もうひといき

　では、選択肢をチェックしていきましょう。

ア　①が正しければ、②も必ず正しい。

　図より②＞①なので、②の方が詳しいことがわかります。ということは、①が正しくとも、枚数が不明なため、必ずしも②が正しいとはいえません。

イ　②が正しければ、③も必ず正しい。

　不等号では②＞③なので、正しいことがわかります。

ウ　③が正しければ、①も必ず正しい。

　図を見ると、③が最もあいまいであることがわかります。③が正しくとも種類・枚数は不明なため、①とはいいきれません。

答えは

　Bですね。

問2　200人に4人の芸人の中から1人最も好きな人を選ぶアンケートをとったところ、集計結果はW、Z、X、Yの順になった。しかも、同順位はなかった。
Zを選んだ人が50人だったとすると、以下の証言ア、イ、ウのうち<u>必ずしも誤りとはいえない</u>ものはどれか。
　　ア　Wを選んだのは51人
　　イ　Xを選んだのは49人
　　ウ　Yを選んだのは45人
A　アだけ　　B　イだけ　　C　ウだけ　　D　アとイ
E　アとウ　　F　イとウ　　G　アとイとウ

問われているのは

　ア、イ、ウの各証言のうち、「必ずしも誤りとはいえない」選択肢を求める問題です。

解法は

POINT 3

　「必ずしも誤りとはいえない」とは「明らかに誤りとはいえない」場合で、「1つでも合致したものがあればOK」の場合にあたります。
　問題文から条件を整理すると、
　「アンケート回答者は200人」
　「4人の順位がW、Z、X、Y」
　「第2位のZを選んだ人数が50人」
　「同順位はない」
の4つが分かっています。
　これを基に、証言ア、イ、ウの人数の順位に矛盾がないかをチェックしていきます。明らかに誤りでないものをさがしてみます。

　問題文からW、Z、X、Yの順と第2位のZの数が 50人 とわかっています。ですから、証言ア、イ、ウの人数をそれぞれ入れて**順位に矛盾がないかを検証** しましょう。順位に1つでも矛盾がないパターンがあれば「必ずしも誤りとはいえない」と言えます。

　それでは、ア、イ、ウをチェックしていきましょう。

ア　W　５１人
　　Z　 50人
　　X　**49人** ┐
　　　　　　　├─ XとYで９９人
　　Y　**50人** ┘　（XかYのどちらかが５０人未満でなくなり、矛盾）

　つまり、Zが2番ではなくなり、明らかに誤りです。

イ　W　**53人** ┐
　　Z　 50人 │
　　　　　　　├─ WとYで１０１人
　　X　 49人 │
　　Y　**48人** ┘

　が成り立つので、必ずしも誤りとはいえません。

ウ　W　**56人** ┐
　　Z　 50人 ├─ WとXで１０５人
　　X　**49人** ┘
　　Y　 45人

　が成り立つので、必ずしも誤りとはいえません。

　よって、イとウが「必ずしも誤りとはいえない」といえます。

ここに注目

　「必ずしも誤りとはいえない」のはイとウですから、**両方を答えなければ正解とはいえません。**最後まで注意しましょう。

答えは

　Fですね。

次の問１〜問４の設問に答えなさい。

問1 ある国のラグビーチームの外国出身者を調査したところ、その内容は以下のとおりである。

① フランス出身者が１人とイングランド出身者が２人いた。
② 少なくともヨーロッパ圏の３か国の出身者がいた。
③ ヨーロッパ出身選手が少なくとも３人以上いた。

次の推論ア、イ、ウのうち正しいのはどれか。

ア ③が正しければ、①も必ず正しい。
イ ②が正しければ、③も必ず正しい。
ウ ①が正しければ、②も必ず正しい。

A アだけ　　B イだけ　　C ウだけ　　D アとイ
E アとウ　　F イとウ　　G アとイとウ

問2 ある企業の新入社員７名について、次のことがわかっている。

① 新入社員はＪ、Ｋ、Ｌ、Ｍ、Ｎ、Ｏ、Ｐの７人であり、その出身地は北海道か沖縄のいずれかである。
② Ｊ、Ｌ、Ｍ、Ｎの４人とＫとは出身地が異なっている。
③ Ｏは北海道出身である。

（１） 次の推論ア、イに関して、正しい組合せはどれか。

ア Ｋの出身地が沖縄ならば、沖縄出身は２人以下である。
イ Ｋの出身地が北海道ならば、北海道出身は２人以下である。

A アもイも正しい。
B アは正しいが、イは誤っている。
C アは正しいが、イはわからない。
D アはわからないが、イは正しい。
E アはわからないが、イは誤っている。
F アもイもわからない。
G アは誤っているが、イは正しい。
H アは誤っているが、イはわからない。
I アもイも誤っている。

（２） 上記①〜③に加えて、下記のこともわかった。

④ ＭとＰは違う出身地、ＪとＯは同じ出身地である。

このとき、次の推論カ、キに関して、正しい組合せははどれか。

カ ＫとＯは同じ出身地である。
キ Ｐは沖縄出身である。

A　カもキも正しい。
B　カは正しいが、キは誤っている。
C　カは正しいが、キはわからない。
D　カはわからないが、キは正しい。
E　カはわからないが、キは誤っている。
F　カもキもわからない。
G　カは誤っているが、キは正しい。
H　カは誤っているが、キはわからない。
I　カもキも誤っている。

問3　1～15までの奇数のカードが8枚ある。これをA、B、Cの3人に2枚ずつ配った。カードに書かれている数の和はAが16、Bが20、Cが24である。次の□□にあてはまる数はいくつか。
（1）配られなかったカードは□□と□□である。
（2）Bに配られていないカードとして確実にいえるのは□□と□□である。

問4　右の表はS市、T市、U市の人口密度（1km²あたりの人口）を示している。
また、S市とU市は面積が等しく、それぞれT市の面積の$\frac{2}{3}$である。

市	人口密度
S	280
T	200
U	300

次の推論ア、イに関して、適切なものはどれか。
　ア　S市の人口はT市の人口より多い。
　イ　S市とT市を合わせた地域の人口密度は232である。
　　　A　アもイも正しい。
　　　B　アは正しいが、イはどちらともいえない。
　　　C　アは正しいが、イは誤り。
　　　D　アはどちらともいえないが、イは正しい。
　　　E　アはどちらともいえないが、イは誤り。
　　　F　アもイもどちらともいえない。
　　　G　アは誤りであるが、イは正しい。
　　　H　アは誤りであるが、イはどちらともいえない。
　　　I　アもイも誤り。

◆答え：**問1**　B　　**問2（1）**B　**（2）**G　　**問3（1）**1と3　**（2）**9と11
　　　　　問4　G
◆解説：**問1**　ア　③の「ヨーロッパ出身選手が少なくとも3人以上いた」としても、それらが「フランス人1人、イングランド人2人」と国名は特定できず必ずしもいえない→正しくない。

イ　②の「少なくともヨーロッパ圏の３か国の出身者がいた」としたら、「各国最低１人ずつでもヨーロッパ出身者が３人はいた（つまり、３人以上はいた）」ということになる→正しい。

ウ　①の「フランス出身者が１人とイングランド出身者が２人いた」として、フランス、イングランドの２か国は確実だが、３か国ではなく→正しくない。

問2　**(1)**　①より、７人の出身地は「北海道か沖縄」である。

ア　Ｋが沖縄出身とすると、②、③より「Ｊ、Ｌ、Ｍ、ＮとＯは北海道出身」になる。よって、Ｐの出身地は不明だが、Ｐが沖縄出身だとしても、「沖縄出身は２人以下」である→正しい。

イ　Ｋが北海道出身とすると、②、③より「Ｊ、Ｌ、Ｍ、Ｎは沖縄出身」になり、「Ｏは北海道出身」で２人は確定。Ｐの出身地は不明だから、Ｐを北海道出身とすると北海道出身者は３人→どちらともいえない。

(2)　④より「ＪとＯの出身地は同じ」だから、②より「Ｊ、Ｌ、Ｍ、ＮとＯは北海道出身、Ｋは沖縄出身」とわかる。よって、④より「ＭとＰの出身地は違う」から「Ｐは沖縄出身」とわかるので、

カ　Ｋは沖縄出身でＯは北海道出身なので、誤り。

キ　Ｐは沖縄出身なので、正しい。

問3　**(1)**　カードに書かれている数字の和は

$1 + 3 + 5 + 7 + 9 + 11 + 13 + 15 = 64$

３人が持っているカードの数字の和は、$16 + 20 + 24 = 60$

ゆえに、３人に配られなかった２枚の数字の和は、$64 - 60 = 4$

よって、２つの奇数の和が４になる組合せは（１と３）。

(2)　**(1)** より１と３は配られないことを考慮し、順を追って考える。

Ａのカードの和は16だから、その組合せは（５と11）（７と９）

Ｂのカードの和は20だから、その組合せは（５と15）（７と13）（９と11）

Ｃのカードの和は24だから、その組合せは（９と15）（11と13）

ここで、

・Ａのカードが（５と11）の場合→Ｂのカードは５と11でないから（７と13）→Ｃのカードは５、７、11、13でないから（９と15）

・Ａのカードが（７と９）の場合→Ｂのカードは７と９でないから（５と15）→Ｃのカードは５、７、９、15でないから（11と13）

よって、どちらの場合でも、Ｂは（９と11）を持っていないことになる。

問4　各都市の面積は不明だが、Ｓ市とＵ市との面積はＴ市の$\frac{2}{3}$だから、仮に

Ｓ市とＵ市との面積を$2\,\mathrm{km}^2$、Ｔ市の面積を$3\,\mathrm{km}^2$として考える。

人口＝面積×人口密度より、各都市の人口は

Ｓ市　$2 \times 280 = 560$（人）　　　Ｔ市　$3 \times 200 = 600$（人）

Ｕ市　$2 \times 300 = 600$（人）

人口密度$= \dfrac{人口}{面積}$より、Ｓ市とＴ市を合わせた地域の人口密度は

$$\frac{560 + 600}{2 + 3} = 232$$

よって、アは誤り。イは正しい。

第7回 公式で解く

1. 順列・組合せ

点取りやすさ ★★★

この順列・組合せの問題は、全体から何かを取り出すとき、その起こりうる場合の数を求めるという高校で学習した内容です。次のような手順で進めていきます。

ここでやること

1 公式を覚える
順列…$_nP_r$
組合せ…$_nC_r$

2 解き方を考える
順列か？ 組合せか？
➡順番が関係するかどうか。

3 計算する
スピードアップを考える

　順列・組合せと聞くとそれだけで苦手意識を感じてしまう人も多いと思います。しかしこれらは、使う公式が見慣れていないだけで、行う計算は大して難しくありません。設問の意図するところをきちんと把握して、**使用していく公式を確実に暗記すること** がポイントです。

　あとは、1分20秒をめやすに、1つずつ設問を解いていければベストです。

次の問1、問2の設問に答えなさい。

問1 　1、2、3、4、5、6の6枚のカードがある。このカードから4枚を選び、4桁の整数をつくるとき、全部で何通りの整数ができるか。

A	8通り	B	15通り	C	30通り
D	60通り	E	120通り	F	360通り

問2 　男子6人、女子4人からなるグループの中から4人の委員を選ぶとき、次の各問いに答えなさい。

（1）　委員の選び方は何通りか。

A	24通り	B	40通り	C	96通り
D	210通り	E	560通り	F	5040通り

（2）　委員の中に女子が少なくとも1人入る選び方は何通りか。

A	22通り	B	35通り	C	84通り
D	195通り	E	590通り	F	5080通り

　順列・組合せの問題では、公式を覚えておかないと、順番や組合せを1つずつ書き出していかなければならず、非常に手間と時間がかかります。まずは、高校で習った公式をしっかり頭の中にたたき込んでおきましょう。

　最初に設問文を読んで、問われているのが順列なのか、組合せなのかを考えます。ここで、**取り出したものの順番が関係するなら順列、取り出し方だけが問われているのなら組合せ**　になります。そして、公式を使って解いていくのですが、SPI試験では、**スピードアップにつながる解き方**　を見つけることも大切です。

　それでは設問に取り組みましょう。

1、2、3、4、5、6の6枚のカードがある。このカードから4枚を選び、4桁の整数をつくるとき、全部で何通りの整数ができるか。

A　8通り　　　B　15通り　　　C　30通り
D　60通り　　　E　120通り　　F　360通り

問われているのは

　ここで問われているのは、6枚の中から4枚のカードで何通りの整数をつくることができるかですよね。たとえば、1、2、3、4という4枚のカードを使うとき、「1234」と「2134」のように並べる順番によって違う整数になります。このように、4桁の整数をつくるということは、順番を意識する、つまり順列の問題です。

ここに注目
POINT 1

　まず、順列と組合せとはどのようなものか説明します。

　順列…並べる順番を区別した　場合の数。

　　（例）　1、2、3、4の中から2つを選ぶとき
　　　　　「1・2」と「2・1」を区別する。

　組合せ…並べる順番を区別しない　場合の数。

　　（例）　1、2、3、4の中から2つを選ぶとき
　　　　　「1・2」と「2・1」を同じものと考える（区別しない）。

解法は

　もちろん、すべての順列を書き出しても解くことはできます。数が少なければそれでもいいですが、多くなれば多くなるほど時間がかかってしまい、見落としが生じやすくなります。

　そこで、このような問題は、**順列の公式**　を使って解きます。

POINT 2

順列の公式　は次のとおりです。すぐに使えるように覚えましょう。

$$n \text{個ある中から} r \text{個を取り出すときの順列}$$
（n から1ずつ減らしてr個掛ける）
$$_n\mathrm{P}_r = \underbrace{n(n-1)(n-2)\cdots(n-r+1)}_{r\text{個}}$$

（例）　12個の中から3個を取り出す順列は
$$_{12}\mathrm{P}_3 = 12 \times 11 \times 10 = 1320 \text{（通り）}$$

やってみよう 👉

　6枚の中から4枚とって4桁の整数をつくるということは、6枚ある中から4枚取り出すときの順列ですよね。これを公式に入れると $_6\mathrm{P}_4$ です。

$$_6\mathrm{P}_4 = 6 \times 5 \times 4 \times 3 = 360 \text{（通り）}$$

答えは 🎯

　F になります。

問2　男子6人、女子4人からなるグループの中から4人の委員を選ぶとき、次の各問いに答えなさい。

（1）　委員の選び方は何通りか。

| A | 24通り | B | 40通り | C | 96通り |
| D | 210通り | E | 560通り | F | 5040通り |

問われているのは

　この設問では、10人の中から4人の委員を選ぶのですから、選ぶ順番は関係ないですよね。つまり、組合せの問題となるのです。

解法は

順番が関係しない場合、**組合せの公式** を用いて解きます。

> ## n 個の中からr 個を取り出すときの組合せ
>
> $$\left(\frac{n \text{から1ずつ減して} r \text{個掛ける}}{r \text{を1ずつ減らして1まで掛ける}}\right)$$
>
> $$_n\mathrm{C}_r = \frac{n(n-1)(n-2)\cdots\cdots(n-r+1)}{r(r-1)(r-2)\cdots\cdots\cdot 1}$$

（例）　12個の中から3個を取り出す組合せは

$$_{12}\mathrm{C}_3 = \frac{\overset{2}{\cancel{12}} \times 11 \times 10}{\cancel{3} \times \cancel{2} \times 1} = 2 \times 11 \times 10 = 220（通り）$$

計算のコツ　分数の計算では、早めに約分して、できるだけ小さな整数にしてから計算すること!

やってみよう

男子6人、女子4人の計10人から4人を取り出すので、これを公式に入れると$_{10}\mathrm{C}_4$となります。

$$_{10}\mathrm{C}_4 = \frac{10 \times \overset{3}{\cancel{9}} \times \cancel{8} \times 7}{\cancel{4} \times \cancel{3} \times \cancel{2} \times 1} = 10 \times 3 \times 7 = 210（通り）$$

答えは

Dですね。

（2）　委員の中に女子が少なくとも1人入る選び方は何通りか。

A	22通り	B	35通り	C	84通り
D	195通り	E	590通り	F	5080通り

問われているのは

　ここで問われているのは、4人の委員を選ぶとき、少なくとも女子が1人入る場合は何通りかですね。この設問も組合せの問題です。しかし、「女子が少なくとも1人入る選び方」に注目しましょう。

解法は

　考えられるパターンとしては、10人の中から4人選んだとき、女子が4人、3人、2人、1人になる場合ですね。選んだ委員のうち、女子が4人、3人、2人、1人の組合せ全部を求めてもいいですが、それでは時間がかかってしまいます。

POINT 3

　こういったパターンの問題では、

　　すべての場合の数−特定の場合の数＝特定以外の場合の数

という考えを使います。つまり、全体からある場合の数を引いた残りを使うということです。

　少なくとも女子が1人入るので、すべての場合から女子が入らない場合、つまり全体から4人とも男子という場合を引けばいいということになります。

やってみよう

　すべての場合の数は、ここで選ぶすべての方法なので、**(1)**で求めた210通りですね。4人とも男子になる場合は

$$_6C_4 = \frac{\cancel{6} \times 5 \times \cancel{4} \times 3}{\cancel{4} \times \cancel{3} \times \cancel{2} \times 1} = 5 \times 3 = 15（通り）$$

よって、210−15＝195（通り）となります。

答えは 🎯

　Dですね。

ポイントのまとめ
順列・組合せ

POINT 1
順列と組合せの違いをおさえる！

順列とは順番を意識する、組合せとは順番を意識しないもの。
きちんと区別できるようにしておこう。

POINT 2
順列、組合せの公式を暗記する。

順列…n個の中からr個取り出して並べるときの順列。

$$_nP_r \quad （n \text{から} 1 \text{ずつ減らして} r \text{個掛ける}）$$

組合せ…n個の中からr個取り出すときの組合せ。

$$_nC_r \left(\frac{n \text{から} 1 \text{ずつ減らして} r \text{個掛ける}}{r \text{を} 1 \text{ずつ減らして} 1 \text{まで掛ける}} \right)$$

POINT 3
「すべて－特定」でスピードアップする！

たとえば、ある場合以外の数を求めるには、全部の組合せを求めていると時間がかかる。

　　（すべての数）－（特定の場合の数）＝（特定の場合以外の数）

という式を使ったほうが速く解ける。「特定の場合以外の数」を求める設問はよく出されるので、「すべての場合から特定の場合を引く」この発想を頭に入れておこう。

類題にトライ Let's TRY!

やり方がわかったところで、忘れないうちにもう一度！

次の説明を読んで、問1〜問4の設問に答えなさい。

男子7人、女子3人からなるグループの中から5人の代表を選ぶ。

問1 5人の代表の中で、リーダーとサブリーダーを選ぶ選び方は何通りか。

A 20通り B 30通り C 40通り
D 50通り E 60通り F 70通り

問2 代表の選び方は何通りか。

A 21通り B 105通り C 110通り
D 180通り E 230通り F 252通り

問3 代表の中に女子が少なくとも1人入る選び方は何通りか。

A 198通り B 200通り C 220通り
D 231通り E 240通り F 250通り

問4 男子が3人、女子が2人になる選び方は何通りか。

A 22通り B 35通り C 84通り
D 105通り E 118通り F 200通り

◆答え：問1 A 問2 F 問3 D 問4 D

◆解説：**問1** この場合は、リーダーとサブリーダーで順番があるので、

$_5P_2 = 5 \times 4 = 20$（通り）

問2 $_{10}C_5 = \dfrac{\overset{2}{\cancel{10}} \times \overset{3}{\cancel{9}} \times \cancel{8} \times 7 \times 6}{\cancel{5} \times \cancel{4} \times \cancel{3} \times \cancel{2} \times 1} = 2 \times 3 \times 7 \times 6 = 252$（通り）

問3 すべての場合から、代表が全員男子という場合を引いて求める。

$_7C_5 = \dfrac{7 \times 6 \times 5 \times 4 \times 3}{5 \times 4 \times 3 \times 2 \times 1} = 7 \times 3 = 21$（通り）

$252 - 21 = 231$（通り）

問4 男子7人から3人が選ばれる組合せは、$_7C_3$

女子3人から2人が選ばれる組合せは、$_3C_2$

よって、2つの組合せの数を掛けて、

$_7C_3 \times _3C_2 = \dfrac{7 \times 6 \times 5}{3 \times 2 \times 1} \times \dfrac{3 \times 2}{2 \times 1} = \dfrac{7 \times 5}{1} \times 3 = 105$（通り）

次の説明を読んで、問1〜問3の設問に答えなさい。

ある会社で研修のプログラムを選ぶことになった。A群は4科目、B群は5科目あり、その中から選択して受講する。

問1 A群から1科目、B群から3科目を受講する選び方は何通りか。

A	14通り	B	40通り	C	52通り
D	66通り	E	84通り	F	120通り

問2 A、B郡のいずれかから2科目を受講する選び方は何通りか。

A	12通り	B	16通り	C	20通り
D	24通り	E	32通り	F	60通り

問3 少なくともA群から1科目を選び、合計4科目を受講する選び方は何通りか。

A	24通り	B	48通り	C	52通り
D	96通り	E	121通り	F	131通り

◆答え：**問1** B **問2** B **問3** E

◆解説：**問1** A群から1科目受講する組合せは、$_4C_1 = 4$（通り）

B群から3科目受講する組合せは、$_5C_3 = \dfrac{5 \times \overset{2}{\cancel{4}} \times \cancel{3}}{\cancel{3} \times \cancel{2} \times 1} = 10$（通り）

よって、2つの組合せの数を掛けて、$4 \times 10 = 40$（通り）

問2 A群のみの受講の組合せは、$_4C_2 = \dfrac{\overset{2}{\cancel{4}} \times 3}{\cancel{2} \times 1} = 6$（通り）

B群のみの受講の組合せは、$_5C_2 = \dfrac{5 \times \overset{2}{\cancel{4}}}{\cancel{2} \times 1} = 10$（通り）

よって、選び方はA群、B群の2パターンあるから、
$6 + 10 = 16$（通り）

問3 すべての場合から、A群が1科目も入らない場合（＝B群から4科目を選ぶ場合）を引けばよい。

すべての組合せは、$_9C_4 = \dfrac{9 \times \overset{2}{\cancel{8}} \times 7 \times \cancel{6}}{\cancel{4} \times \cancel{3} \times \cancel{2} \times 1} = 126$（通り）

B群から4科目受講する組合せは、$_5C_4 = \dfrac{5 \times \cancel{4} \times \cancel{3} \times \cancel{2}}{\cancel{4} \times \cancel{3} \times \cancel{2} \times 1} = 5$（通り）

よって、$126 - 5 = 121$（通り）

次の説明を読んで、問１〜問４の設問に答えなさい。

合唱コンクールの舞台で、男子２人、女子３人からなる５人グループが横１列に並ぶことになった。

問1 並び方は何通りか。

A	1通り	B	40通り	C	60通り
D	82通り	E	120通り	F	146通

問2 男女交互になる並び方は何通りか。

A	1通り	B	12通り	C	25通り
D	45通り	E	90通り	F	120通り

問3 両端が男子になる並び方は何通りか。

A	1通り	B	10通り	C	12通り
D	25通り	E	30通り	F	90通り

問4 男子が隣り合う並び方は何通りか。

A	39通り	B	48通り	C	60通り
D	75通り	E	80通り	F	98通り

◆答え：**問1** E　　**問2** B　　**問3** C　　**問4** B

◆解説：**問1** 並ぶ順番だから、順列で計算する。

$$_5P_5 = 5 \times 4 \times 3 \times 2 \times 1 = 120（通り）$$

問2 男女交互になる並び方は

女	男	女	男	女

女子の位置は３か所に３人の並び方（順列）を考える。

$$_3P_3 = 3 \times 2 \times 1 = 6（通り）$$

男子の位置は２か所に２人の並び方（順列）を考える。

$$_2P_2 = 2 \times 1 = 2（通り）$$

よって、２つの順列の数を掛けて、

$$6 \times 2 = 12（通り）$$

問3 両端が男子になる並び方は

男	女	女	女	男

問2と同様に、男子は$_2P_2$、女子は$_3P_3$で計算する。

$$2 \times 6 = 12（通り）$$

問4 隣り合う男子をまとめて1人として考えると、

| 男男 | 女 | 女 | 女 | | 女 | 男男 | 女 | 女 |
| 女 | 女 | 男男 | 女 | | 女 | 女 | 女 | 男男 |

4か所に4人の並び方(順列)になる。

$$_4P_4 = 4 \times 3 \times 2 \times 1 = 24(通り)$$

また、その各々の場合に男子の並び方(順列)が2通りあるから、

$$24 \times 2 = 48(通り)$$

次の説明を読んで、問1、問2の設問に答えなさい。

右の星の形をした図形で、区分けされた6か所を違う色で塗り分ける。ただし、回転して同じになるときは、同じ塗り方とする。

問1 6か所をすべて違う6色で塗る塗り方は何通りか。

A 32通り B 44通り C 58通り
D 69通り E 86通り F 144通り

問2 異なる8色の中から6色選び、6か所をその6色で塗るとき、何通りの塗り方があるか。

A 366通り B 824通り C 1248通り
D 1866通り E 4032通り F 98通り

◆答え：**問1** F **問2** E

◆解説：**問1** 真ん中のFの色の決め方は

$$_6C_1 = 6 (通り)$$

周囲のAからEは円順列で、

$$(5-1)! = 4 \times 3 \times 2 \times 1 = 24(通り)$$

よって、$6 \times 24 = 144(通り)$

問2 8色から6色選ぶとは、2色を残すことと同じだから、

$$_8C_2 = \frac{\overset{4}{\cancel{8}} \times 7}{2 \times 1} = 28 (通り)$$

〈別解〉 8色から6色選ぶとして、$_8C_6$を計算しても28通りになる。

問1 から、6色の塗り方は144通り

よって、$28 \times 144 = 4032 (通り)$

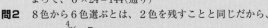

2. 確率

この確率の問題は、ある事柄が起こる可能性がどのくらい
あるかを求めるというもので、高校の学習内容です。
そこで、今回は次のようなことをやっていきます。

ここでやること

1 公式を覚える

確率 = $\dfrac{ある事柄の場合の数}{すべての場合の数}$

2 公式を応用する

連続して起こる確率
➡ ○×△

起こらない確率
➡ 1－○

3 組合せも利用する

○球から△球を取り出す
➡ ${}_○C_△$

　確率の問題でも、設問の意図することをきちんと公式にあてはめる能力が試され
ています。

　順列・組合せと同じように、確率も苦手だと感じる人が多いと思います。まずは、
確率の公式を暗記しましょう。確率の公式はさまざまに応用できるので、これさえ
覚えておけば、問題を解くスピードが格段に速くなります。

　また、確率の計算は簡単な分数の掛け算だけです。慣れておけば簡単に解くこと
ができるので、得点につながります。

　設問を解くめやすは、1分30秒です。

次の説明を読んで、
問１〜問３の設問に答えなさい。

赤球5個、白球3個の入った袋がある。

問1 球を戻さずに2球を取り出すとき、2球とも赤球である確率を求めよ。

A $\dfrac{3}{14}$ B $\dfrac{2}{7}$ C $\dfrac{5}{14}$ D $\dfrac{3}{7}$

E $\dfrac{1}{2}$ F $\dfrac{4}{7}$ G $\dfrac{9}{14}$ H $\dfrac{25}{28}$

問2 球を戻さずに2球を取り出すとき、少なくとも1球が赤である確率を求めよ。

A $\dfrac{1}{2}$ B $\dfrac{2}{7}$ C $\dfrac{3}{7}$ D $\dfrac{3}{14}$

E $\dfrac{5}{14}$ F $\dfrac{4}{7}$ G $\dfrac{3}{28}$ H $\dfrac{25}{28}$

問3 球を同時に4球取り出すとき、赤球と白球とが同数である確率を求めよ。

A $\dfrac{3}{14}$ B $\dfrac{2}{7}$ C $\dfrac{5}{14}$ D $\dfrac{3}{7}$

E $\dfrac{1}{2}$ F $\dfrac{4}{7}$ G $\dfrac{9}{14}$ H $\dfrac{5}{7}$

GUIDE

　高校1年で習った確率の公式を覚えていますか。忘れた人は、ここでもう一度よく確認しておきましょう。

　公式を使ってある事柄が起こる確率さえ求められれば、それを利用して、その事柄が起こらない確率や2つの事柄が続けて起こる確率なども知ることができます。

　連続して2つの事柄が起こる確率を求める場合、注意しなければならないのは、**全体の数が変化することがある**　ということです。

　では設問に入りましょう。

問1 球を戻さずに2球を取り出すとき、2球とも赤球である確率を求めよ。

A $\dfrac{3}{14}$ B $\dfrac{2}{7}$ C $\dfrac{5}{14}$ D $\dfrac{3}{7}$

E $\dfrac{1}{2}$ F $\dfrac{4}{7}$ G $\dfrac{9}{14}$ H $\dfrac{25}{28}$

問われているのは

　ここで問われているのは、袋から2球取り出すとき、2球とも赤である確率ですね。つまり、1球目が赤球、2球目も赤球を取り出す確率です。

解法は

POINT 1

　確率の公式　は、次のように表されます。覚えていますか。

$$確率＝\dfrac{ある事柄が起こる場合の数}{起こりうるすべての場合の数}$$

POINT 2

　一方、**2つの事柄A、Bが続けて起こる確率**　は次の式で求められます。

$$AとBが連続して起こる確率＝Aの起こる確率×Bの起こる確率$$

ここで、「球を戻さずに」となっていることに注目しましょう。

① 1球目に赤を取り出す場合

　袋に入っている球は全部で8個、赤球は5個です。

② 2球目に赤を取り出す場合

　赤球を1球取り出しているので、袋の中の球は全部で7個、赤球は4個です。

　①と②の確率をそれぞれ求めてから、掛け算で連続して起こる確率を求めます。

　1球目に赤を取り出す確率……$\dfrac{5}{8}$

　2球目にも赤を取り出す確率…$\dfrac{4}{7}$

　これが連続して起こる確率は、$\dfrac{5}{\overset{}{\underset{2}{8}}} \times \dfrac{\cancel{4}}{7} = \dfrac{5}{14}$

答えは 🎯

　Cになりますね。

問2 球を戻さずに2球を取り出すとき、少なくとも1球が赤である確率を求めよ。

A $\dfrac{1}{2}$　　B $\dfrac{2}{7}$　　C $\dfrac{3}{7}$　　D $\dfrac{3}{14}$

E $\dfrac{5}{14}$　　F $\dfrac{4}{7}$　　G $\dfrac{3}{28}$　　H $\dfrac{25}{28}$

❗ 問われているのは

　この設問では、球を2球取り出すとき、少なくとも1球が赤である確率が問われています。つまり、どちらかで赤球を取り出す確率ですね。

解法は

POINT 3

確率では、**起こりうるすべての場合の数を1と考える** ので、次のような
確率もわかります。

> ある事柄Aが起こらない確率＝1－Aが起こる確率
> Aが少なくとも1回起こる確率＝1－Aが1回も起こらない確率

ここでは、取り出した球が2球とも赤でない、つまり2球とも白である確
率に注目して、1－（2球とも白を取り出す確率）の計算で求めます。

やってみよう 👉

まず、赤球でなく、連続して白球を取り出す確率を求めます。

1球目に白を取り出す確率…$\dfrac{3}{8}$　　2球目にも白を取り出す確率…$\dfrac{2}{7}$

これが連続して起こる確率は、$\dfrac{\overset{}{\underset{4}{\cancel{3}}}}{\cancel{8}} \times \dfrac{2}{7} = \dfrac{3}{28}$ ですね。

この設問で問われているのは、少なくとも1球が赤である確率ですから、

$$1 - \frac{3}{28} = \frac{28}{28} - \frac{3}{28} = \frac{25}{28}$$

答えは 🎯

Hです。

問3 球を同時に4球取り出すとき、赤球と白球とが同数である
確率を求めよ。

A $\dfrac{3}{14}$　　B $\dfrac{2}{7}$　　C $\dfrac{5}{14}$　　D $\dfrac{3}{7}$

E $\dfrac{1}{2}$　　F $\dfrac{4}{7}$　　G $\dfrac{9}{14}$　　H $\dfrac{5}{7}$

問われているのは

ここでは、同時に4球取り出すとき、赤球と白球が2球ずつになる確率が問われています。今回は「同時に」という部分に注目します。

解法は

POINT 4

設問文に「同時に」とある場合、それぞれの場合の数を組合せから求め、最後に確率の公式に代入　しましょう。

この場合の起こりうるすべての場合の数は、袋の中の8球から4球を取り出すときの場合の数です。

また、取り出した球が赤球2球、白球2球となる場合の数は、

赤球5球から2球を取り出す場合の数×白球3球から2球を取り出す場合の数

で表されます。

やってみよう

8球から4球を取り出すときの場合の数は

$$_8C_4 = \frac{\cancel{8} \times 7 \times \overset{2}{\cancel{6}} \times 5}{\cancel{4} \times \cancel{3} \times \cancel{2} \times 1} = 7 \times 2 \times 5 = 70$$

赤球5球から2球を取り出すときの場合の数は

$$_5C_2 = \frac{5 \times \overset{2}{\cancel{4}}}{\cancel{2} \times 1} = 5 \times 2 = 10$$

白球3球から2球を取り出すときの場合の数は

$$_3C_2 = \frac{3 \times \cancel{2}}{\cancel{2} \times 1} = 3$$

よって、求める確率は、$\dfrac{_5C_2 \times _3C_2}{_8C_4} = \dfrac{\overset{}{\cancel{10}} \times 3}{\underset{7}{\cancel{70}}} = \dfrac{3}{7}$

答えは

Dとなりますね。

ポイントのまとめ
確率

POINT 1
確率の公式を覚える！

$$確率 = \frac{ある事柄が起こる場合の数}{起こりうるすべての場合の数}$$

POINT 2
連続して起こる確率の計算をおさえる！

AとBが連続して起こる確率＝Aの起こる確率×Bの起こる確率
「連続は掛け算」と覚えておこう。

POINT 3
全体を1として計算するパターンも確認を！

Aが起こらない確率＝1−Aが起こる確率
Aが少なくとも1回起こる確率＝1−Aが1回も起こらない確率

POINT 4
「同時に…」とあれば組合せを考える。

何かを同時にした…とあれば、まずはそれぞれの場合の数を組合せで求めよう。そのあとで確率の公式に代入すること。

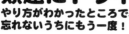

Let's TRY!

次の説明を読んで、問１〜問３の確率を求めなさい。

白球８個、黒球６個の入っている袋から、同時に４球を取り出す。

問1 全部白球である確率。

A $\dfrac{2}{1001}$ B $\dfrac{3}{143}$ C $\dfrac{7}{143}$

D $\dfrac{14}{99}$ E $\dfrac{10}{143}$ F $\dfrac{11}{143}$

問2 少なくとも１球が白球である確率。

A $\dfrac{15}{143}$ B $\dfrac{15}{1001}$ C $\dfrac{75}{77}$

D $\dfrac{140}{143}$ E $\dfrac{986}{1001}$ F $\dfrac{999}{1001}$

問3 白球と黒球とが同数である確率。

A $\dfrac{4}{143}$ B $\dfrac{14}{143}$ C $\dfrac{30}{143}$

D $\dfrac{35}{143}$ E $\dfrac{60}{143}$ F $\dfrac{65}{143}$

◆答え：**問1** E **問2** E **問3** E

◆解説：同時に取り出すがポイント。場合の数は組合せを考える。

問1 $\dfrac{{}_8C_4}{{}_{14}C_4} = \dfrac{\overset{2}{\cancel{8}} \times \cancel{7} \times \cancel{6} \times 5}{\cancel{4} \times \cancel{3} \times \cancel{2} \times \cancel{1}} \times \dfrac{\cancel{4} \times \cancel{3} \times \cancel{2} \times \cancel{1}}{14 \times 13 \times \cancel{12} \times 11} = \dfrac{2 \times 5}{13 \times 11} = \dfrac{10}{143}$

問2 全部黒球の確率は、$\dfrac{{}_6C_4}{{}_{14}C_4} = \dfrac{\cancel{6} \times 5 \times \cancel{4} \times 3}{\cancel{4} \times \cancel{3} \times \cancel{2} \times 1_{\,7}} \times \dfrac{\cancel{4} \times \cancel{3} \times \cancel{2} \times \cancel{1}}{14 \times 13 \times \cancel{12} \times 11} = \dfrac{15}{1001}$

少なくとも１球が白である確率は、$1 - \dfrac{15}{1001} = \dfrac{986}{1001}$

問3 白球２個、黒球２個を取り出す場合の数は、それぞれ ${}_8C_2$、${}_6C_2$

この２つを掛けたものが白、黒同数になる場合の数となる。よって、

$\dfrac{{}_8C_2 \times {}_6C_2}{{}_{14}C_4} = \dfrac{\cancel{8} \times \cancel{7}}{\cancel{2} \times 1} \times \dfrac{6 \times 5}{\cancel{2} \times 1} \times \dfrac{\cancel{4} \times \cancel{3} \times 2 \times 1}{14 \times 13 \times \cancel{12} \times 11} = \dfrac{6 \times 5 \times 2}{13 \times 11} = \dfrac{60}{143}$

次の説明を読んで、問1～問3の確率を求めなさい。

白球5個、黒球3個の入った袋がある。同時に3球を取り出す。

問1 全部白球である確率。

A $\dfrac{3}{56}$　　B $\dfrac{3}{28}$　　C $\dfrac{1}{7}$

D $\dfrac{5}{56}$　　E $\dfrac{5}{28}$　　F $\dfrac{3}{14}$

問2 少なくとも1球が白球である確率。

A $\dfrac{5}{56}$　　B $\dfrac{9}{28}$　　C $\dfrac{15}{56}$

D $\dfrac{15}{76}$　　E $\dfrac{55}{56}$　　F $\dfrac{75}{76}$

問3 どちらかの色が1球でどちらかの色が2球である確率。

A $\dfrac{15}{56}$　　B $\dfrac{11}{28}$　　C $\dfrac{5}{14}$

D $\dfrac{45}{56}$　　E $\dfrac{15}{28}$　　F $\dfrac{14}{15}$

◆答え：**問1** E　　**問2** E　　**問3** D

◆解説：同時に取り出すがポイント。場合の数は組合せを考える。

問1　起こりうるすべての場合の数は

$$_8C_3 = \frac{8 \times 7 \times 6}{3 \times 2 \times 1} = 56（通り）$$

全部が白球である場合の数は

$$_5C_3 = \frac{5 \times 4 \times 3}{3 \times 2 \times 1} = 10（通り）$$

よって、$\dfrac{10}{56} = \dfrac{5}{28}$

問2　全部が黒球である場合の数は、$_3C_3 = 1$（通り）

ゆえに、全部が黒球である確率は、$\dfrac{_3C_3}{_8C_3} = \dfrac{1}{56}$

よって、少なくとも1球が白である確率は

$$1 - \frac{1}{56} = \frac{55}{56}$$

取り出すパターンは、次の2つ。

パターン①　白2球×黒1球の場合

確率は、$\dfrac{{}_5C_2 \times {}_3C_1}{{}_8C_3} = \dfrac{10 \times 3}{56} = \dfrac{30}{56}$

パターン②　白1球×黒2球の場合

確率は、$\dfrac{{}_5C_1 \times {}_3C_2}{{}_8C_3} = \dfrac{5 \times 3}{56} = \dfrac{15}{56}$

よって、求める確率は①と②の確率を足して、

$\dfrac{30}{56} + \dfrac{15}{56} = \dfrac{45}{56}$

次の設問に答えなさい。

A、Bの2人がサイコロを1回ずつ振って、出た目の大きいほうが勝つゲームをした。Aが3以上を出して勝つ確率はいくつか。

A $\dfrac{5}{36}$　　B $\dfrac{1}{6}$　　C $\dfrac{1}{5}$　　D $\dfrac{5}{18}$　　E $\dfrac{7}{36}$　　F $\dfrac{7}{18}$

◆答え：F
◆解説：下の表で、Aが3以上で勝つ場合に○をつける。

		1	2	3	4	5	6
	1						
	2						
A	3	○	○				
	4	○	○	○			
	5	○	○	○	○		
	6	○	○	○	○	○	

（上部に B）

起こりうるすべての場合の数（マスの数）は、$6 \times 6 = 36$（通り）

Aが勝つ場合の数は○の数で、14通り

よって、求める確率は、$\dfrac{14}{36} = \dfrac{7}{18}$

次の説明を読んで、問1、問2の確率を求めなさい。

Aが1、3、5、7のカードを、Bが2、4、6のカードを持っている。AもB
も持っているカードを見ないで1枚出し合い、数が大きい方が勝つゲームをした。

問1 Aが勝つ確率。

A $\dfrac{1}{5}$ B $\dfrac{1}{4}$ C $\dfrac{1}{3}$ D $\dfrac{3}{7}$

E $\dfrac{1}{2}$ F $\dfrac{7}{12}$ G $\dfrac{2}{3}$ H $\dfrac{3}{5}$

問2 Aが3以上を出して負ける確率。

A $\dfrac{1}{7}$ B $\dfrac{1}{5}$ C $\dfrac{1}{4}$ D $\dfrac{1}{3}$

E $\dfrac{1}{2}$ F $\dfrac{2}{7}$ G $\dfrac{2}{5}$ H $\dfrac{3}{4}$

◆答え：**問1** E **問2** C

◆解説：**問1** 下の表で、Aが勝つ場合に○をつける。

	B 2	4	6
A 1			
3	○		
5	○	○	
7	○	○	○

起こりうるすべての場合の数（マスの数）は、4 × 3 = 12（通り）
Aが勝つ場合の数は○の数で、6通り

よって、求める確率は、$\dfrac{6}{12} = \dfrac{1}{2}$

問2 下の表で、Aが3以上で負ける場合に×をつける。

	B 2	4	6
A 1			
3		×	×
5			×
7			

起こりうるすべての場合の数（マスの数）は、4 × 3 = 12（通り）
Aが3以上で負ける場合の数は×の数で、3通り

よって、求める確率は、$\dfrac{3}{12} = \dfrac{1}{4}$

次の説明を読んで、問1～問3の確率を求めなさい。

10本のうち当たりが2本入っているクジで、A、Bを含む10人が順番にクジを引くことになった。最初にAが引き、2番目にBが引くことにした。
ただし、引いたクジは元に戻さない。

問1 AかBのどちらかが当たる確率。

A $\dfrac{1}{90}$ B $\dfrac{1}{45}$ C $\dfrac{4}{90}$ D $\dfrac{3}{55}$

E $\dfrac{1}{15}$ F $\dfrac{6}{21}$ G $\dfrac{16}{45}$ H $\dfrac{47}{90}$

問2 Bが当たる確率。

A $\dfrac{1}{40}$ B $\dfrac{1}{20}$ C $\dfrac{1}{15}$ D $\dfrac{1}{10}$

E $\dfrac{1}{5}$ F $\dfrac{1}{4}$ G $\dfrac{1}{3}$ H $\dfrac{1}{2}$

問3 少なくともAかBが当たる確率。

A $\dfrac{1}{45}$ B $\dfrac{1}{15}$ C $\dfrac{2}{5}$ D $\dfrac{1}{5}$

E $\dfrac{1}{3}$ F $\dfrac{16}{45}$ G $\dfrac{17}{45}$ H $\dfrac{28}{45}$

◆答え：**問1** G　**問2** E　**問3** G
◆解説：**問1**　AとBのどちらかが当たる確率のパターンは、次の2つ。

パターン①　Aが当たり$\left(\text{確率}\dfrac{2}{10}\right)$、次のBがはずれ$\left(\text{確率}\dfrac{8}{9}\right)$の場合

その確率は、$\dfrac{\overset{1}{\cancel{2}}}{\underset{5}{\cancel{10}}} \times \dfrac{8}{9} = \dfrac{8}{45}$

パターン②　Aがはずれ$\left(\text{確率}\dfrac{8}{10}\right)$、次のBが当たり$\left(\text{確率}\dfrac{2}{9}\right)$の場合

その確率は、$\dfrac{8}{\underset{5}{\cancel{10}}} \times \dfrac{\overset{1}{\cancel{2}}}{9} = \dfrac{8}{45}$

よって、求める確率は①と②の確率を足して、

$\dfrac{8}{45} + \dfrac{8}{45} = \dfrac{16}{45}$

問2　Bが当たりクジを引く確率のパターンは、次の2つ。

パターン①　Aが当たり$\left(\text{確率}\dfrac{2}{10}\right)$、次のBも当たり$\left(\text{確率}\dfrac{1}{9}\right)$の場合

その確率は、$\dfrac{\overset{}{\cancel{2}}}{\underset{}{\cancel{10}}}\times\dfrac{1}{9}=\dfrac{1}{45}$

パターン②　Aがはずれ$\left(\text{確率}\dfrac{8}{10}\right)$、次のBが当たり$\left(\text{確率}\dfrac{2}{9}\right)$の場合

その確率は、$\dfrac{8}{\underset{5}{\cancel{10}}}\times\dfrac{\cancel{2}}{9}=\dfrac{8}{45}$

よって、求める確率は①と②の確率を足して、

$\dfrac{1}{45}+\dfrac{8}{45}=\dfrac{9}{45}=\dfrac{1}{5}$

問3　「少なくともAかBが当たる」確率は「1−AもBも当たらない（どちらもはずれる）」確率と同じである。

1人目のAがはずれる確率は、$\dfrac{8}{10}$

2人目のBがはずれる確率は、Aがはずれているのだから、$\dfrac{7}{9}$

ゆえに、AもBもはずれる確率は

$\dfrac{\overset{4}{\cancel{8}}}{\underset{5}{\cancel{10}}}\times\dfrac{7}{9}=\dfrac{28}{45}$

よって、求める確率は

$1-\dfrac{28}{45}=\dfrac{17}{45}$

第8回 特殊な計算

1. 物の流れと比率

点取りやすさ
★★★★

これは、会社間の物の流れを、アルファベットを使った算式で表して、出荷量やその比率を求めるというものです。
そこで、次のようなことをやっていきます。

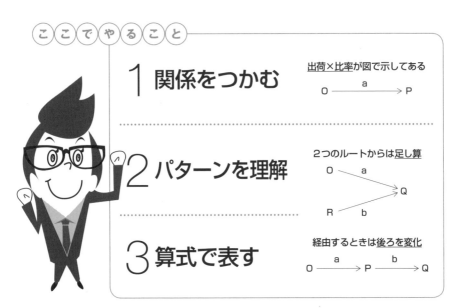

ここでやること

1 関係をつかむ
出荷×比率が図で示してある
O ——— a ——→ P

2 パターンを理解
2つのルートからは足し算
O ╲ a
　　　　╲→ Q
R ╱ b

3 算式で表す
経由するときは後ろを変化
O ——— a ——→ P ——— b ——→ Q

　問題文が長く、算式もアルファベットで出題され、一見すると難しそうに見えますが、**実際の計算は簡単な演算**　のみ。慣れてさえおけば短時間で解ける問題です。
　SPI試験において出題頻度も高く、確実に点数が取れる問題なので、解法の手順をしっかり理解することが大切になります。
　設問を解く目標時間は1分30秒。**問題文にある記号化した算式をどのように理解できるかという応用力**　を問われる問題です。

次の説明を読んで、
問1、問2の設問に答えなさい。

ある商品が複数の会社を経由して納品される物の流れを表す場合、O社が出荷した商品が比率aでP社に入荷されたとき、これを次の図1のように示す。

図1

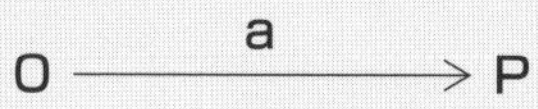

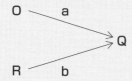

O ———— a ————→ P

この場合、O社P社が取り扱う商品数をそれぞれO、Pとすると式P＝aOが成り立つ。
同様にO社がQ社に比率aで出荷したとき、R社がQ社に比率bで出荷したときを次の図2のように示す。

図2

O   a

⟶ Q

R   b

この場合、式Q＝aO＋bRが成り立つ。
また、O社からP社に比率aで出荷したもののうち、P社を経由して、さらにQ社に比率bで出荷されたとき、これを次の図3のように示す。

図3

O ———— a ————→ P ———— b ————→ Q

この場合、式Q＝bPが成り立ち、またPはaOで計算できるので、
Q＝b(aO)＝abO　とも表す。
また、式は、例えば
　(a＋b)O＝aO＋bO
　c(a＋b)O＝acO＋bcO
のような演算が成り立つとする。

問1 上記の条件で右の図を表す式として適切なのはどれか。

ア　Q＝adS＋bP
イ　Q＝aO＋bP＋cR
ウ　Q＝aO＋bcR
エ　Q＝aO＋bcP

```
        a      O  ←—— S
             ↖       d
  Q  ←——
             ↖
        b      P  ←—— R
                    c
```

A　ア　　　　　　B　イ　　　　　　C　ウ　　　　　　D　エ
E　アとイ　　　　F　アとウ　　　　G　アとエ　　　　H　すべて

問2 上図においてa、dが0.3、b、cが0.5である場合、S社と
R社の出荷量が同じとき、S社から出荷された商品がQ社
に納品される量は、R社からQ社に納品される量の何%か。

A　18%　　　　　B　25%　　　　　C　36%　　　　　D　42.5%
E　48%　　　　　F　50%　　　　　G　277%

GUIDE

　問題文で説明されている図1、2、3とそれぞれの算式との関係にしたがっ
て、問いの図と合致する算式を選ぶ問題です。最初に各図の　**3つのパター
ン**　の算式を理解しましょう。

　図1では、示されている算式は決して難しい内容ではなく、単に出荷量×
比率がアルファベットで表現されているということを把握してください。図
2の複数ルートではそれぞれをプラスします。図3の経由は多少難しいです
が、集まり方を別表現で表すと思えば理解が早いと思います。

　この3つの図を理解してしまえば、あとは選択肢との判断です。**複数の算
式が正しい場合もあり**　ますので、注意してください。

　また、正しい算式を使って納品量を求める問題もあります。

問1 上記の条件で右の図を表す式として適切なのはどれか。

ア Q＝adS＋bP
イ Q＝aO＋bP＋cR
ウ Q＝aO＋bcR
エ Q＝aO＋bcP

$$a \swarrow O \xleftarrow{d} S$$

Q

$$b \nwarrow P \xleftarrow{c} R$$

A ア   B イ   C ウ   D エ
E アとイ   F アとウ   G アとエ   H すべて

問われているのは

条件から、各会社の出荷量と比率の図を算式で表すパターンを理解して、問題文に示された図と合致する算式を選択肢から選ぶ問題です。

解法は

POINT 1

まずは、説明文で示されている**3つのパターン**を理解しましょう。

（1）図1のパターン 出荷数×比率の計算が記号で示してある

O社が出荷した商品数O（100個）が比率a（0.3）でP社に入荷された場合、P社の商品数＝0.3×100＝30（個）。このことを記号で表したものがP＝aOです。

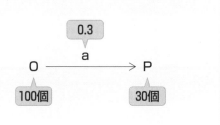

（2）図2のパターン　2ルートからはプラスする

Q社へ2つのルートから集まってくる場合は、パターン（1）で表したものを足し算します。

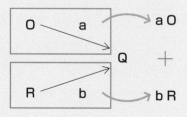

（3）図3のパターン　経由は後ろを変化させる

図3は、パターン（1）よりQ＝bPと表しますが、P社は経由地点でありO社から比率aで入荷しています。よって、Pの後ろの部分（集まり方）はP＝aOと表せます。

ここで、Qの商品数の式のPと後ろの部分を入れ替えると、Q＝b（aO）＝abOと表すことができます。

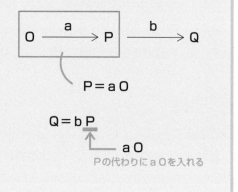

P＝aO

$$Q = b \underset{\substack{\uparrow \\ aO}}{P}$$

Pの代わりにaOを入れる

POINT 2

条件が飲み込めたら、設問の図を確認していきます。まず、**Q社に集まるルートのうちいちばん近い会社の記号で算式をつくりましょう。**

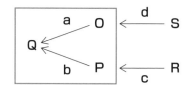

Q社に2つのルートが集まっているので、パターン（2）の方法でQ＝aO＋bPと表すことができます。

POINT 3

　次に、**条件にしたがって別の表し方に変えられる部分**を考えます。ＯとＰは経由地点となっています。パターン（3）の方法で、それぞれ後ろの部分の記号を使って入れ替えましょう。

$$Q＝aＯ+bＰ$$
$$\qquad\qquad dＳ\quad cＲ$$

よって、Ｑ＝ａｄＳ＋ｂｃＲとも表すことができます。

やってみよう 👆

　4つの選択肢を検証していきます。

ア　Ｑ＝ａｄＳ＋ｂＰ

　Ｑ社に集まる直近ルートのＯ社については、経由として後ろのｄＳに入れ替えて表してあります。また、Ｐ社からのルートが足し算されているので、これは正しいことがわかります。

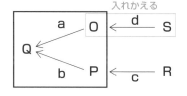

入れかえる

イ　Ｑ＝ａＯ＋ｂＰ＋ｃＲ

　Ｑ社への入荷は3ルートからではなく、2ルートからの足し算になるはずです。経由地点のＰ社への入荷量を表すｃＲを足し算するのが間違いです。

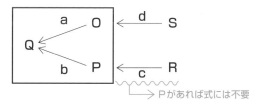

Ｐがあれば式には不要

ウ　Ｑ＝ａＯ＋ｂｃＲ

　直近のルートで表すとＱ＝ａＯ＋ｂＰ。Ｐは経由地点であり、パターン（3）を使いｃＲで表すことができるので、正しい式です。

エ　Ｑ＝ａＯ＋ｂｃＰ

　ｃはＲ社からＰ社へ流れるときの比率。Ｐにｃをかけるのは間違いです。

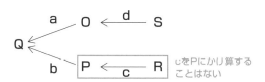

ｃをＰにかけ算することはない

問2 上図においてa、dが0.3、b、cが0.5である場合、S社と
R社の出荷量が同じとき、S社から出荷された商品がQ社
に納品される量は、R社からQ社に納品される量の何%か。

A　18%　　　B　25%　　　C　36%　　　D　42.5%

E　48%　　　F　50%　　　G　277%

！問われているのは

　問題文に示された割合により、Q社に納品される商品の量をS社とR社で
比較する問題です。実際の数字を入れて計算します。

！解法は

　S社とR社からの計算式は次のとおりですね。

Q＝adS＋bcR

　アルファベットの小文字部分が比率を表していますから、**問題文にした
がって式に数字を代入します**。また両者の出荷量は同一ですので、仮に出荷
量を100個として計算することができます。

　　S社　　　$0.3 \times 0.3 \times 100 = 9$（個）

　　R社　　　$0.5 \times 0.5 \times 100 = 25$（個）

　S社の納品量のR社に対する割合を求められていますから、

$$\frac{9}{25} = 0.36 \rightarrow 36\%$$

答えは

Cですね。

ポイントのまとめ
物の流れと比率

POINT 1
3つのパターンを理解しよう！

問題文で説明される図1、2、3の出荷数×比率のパターンを理解しておこう。算式に記号があり難しく感じるが、まずは基本パターンの図1から順に理解していく。

（1）　図と出荷×比率のパターンを理解する

（2）　2つのルートからはプラスする。
　　　2ルートから集まっているものは基本パターンの足し算で表す。

（3）　経由は後ろを変化させる。
　　　経由はこの問題でいちばん複雑な部分。経由地点は、そこに集まるルートの記号で表すことができる。

POINT 2
直近のルートで表す。

まずは最終地点に集まる直近のルートを確認し、簡単な基本パターンの算式で表そう（2ルートの場合は足し算をする）。

POINT 3
パターンにしたがって別の記号で表す。

問題文の条件にしたがって、経由のあるものは順次別の表現でも書き出しておこう。それから選択肢と合致するかを判断する。

次の説明を読んで、問1～問3の設問に答えなさい。

ある商品が複数の会社を経由して納品される物の流れを表す場合、O社が出荷した商品が比率aでP社に入荷されたとき、これを次の図1のように示す。

図1

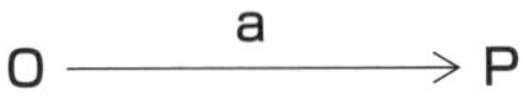

$$O \xrightarrow{\quad a \quad} P$$

この場合O社P社が取り扱う商品数をそれぞれO、Pとすると、式P＝aOが成り立つ。
同様にO社がQ社に比率aで出荷したとき、R社がQ社に比率bで出荷したときを次の図2のように示す。

図2

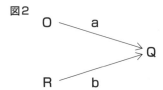

この場合、式Q＝aO＋bRが成り立つ。
また、O社からP社に比率aで出荷したもののうちP社を経由して、さらにQ社に比率bで出荷されたとき、これを次の図3のように示す。

図3

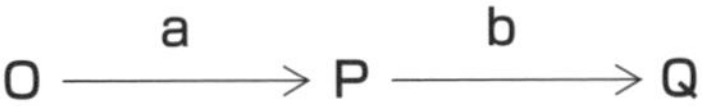

$$O \xrightarrow{\quad a \quad} P \xrightarrow{\quad b \quad} Q$$

この場合、式Q＝bPが成り立ち、またPはaOで計算できるので、
Q＝b（aO）＝abOとも表す。
また、式は、例えば

$$(a+b)O = aO + bO$$
$$c(a+b)O = acO + bcO$$

のような演算は成り立つとする。

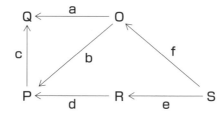

問1 上記の条件で、次の図を表す式として適切なのはどれか。

ア　Q＝cP＋aO
イ　Q＝c（dR＋bO）＋afS
ウ　Q＝cdeS＋aO

A　ア　　　　　B　イ　　　　　C　ウ
D　アとイ　　　E　イとウ　　　F　アとイとウ

問2 問1の図においてa、b、fが0.3、c、d、eが0.5である場合、O社から出荷された商品のうちQ社に納品されるのは何%か。

A　15%　　　B　25%　　　C　45%　　　D　47.5%
E　50%　　　F　55%

問3 問2の割合において、S社からQ社に納品される商品のうち、P社を経由しないものは、P社を経由するものの何%か。

A　32.5%　　　B　42.6%　　　C　52.9%　　　D　69.8%
E　78.4%　　　F　188.9%

◆答え：**問1**　D　　**問2**　C　　**問3**　C
◆解説：**問1**　アは、問題文の図2より、正しい。
　　　　　　イは、cdR＋bcO＋afSと展開ができる。2つのルート（bOとdR）からPへと集まった商品が、cの比率でQに出荷されている部分と、Oを経由して比率aでQへ出荷する部分afSが表されており、正しい。
　　　　　　ウは、Pに入荷されるbOがなく間違い。
　　　　問2　O社からQ社への出荷を算式で表すと、bcO＋aOで表される。これに値を算入すると、0.3×0.5＋0.3＝0.45　→　0.45×100＝45（%）
　　　　問3　S社から納品される商品のうち、
　　　　　　P社を経由しない分はafSで、比率は0.3×0.3＝0.09
　　　　　　P社を経由する分はcbfSとcdeSの2ルート分あり、
　　　　　　それぞれの比率は0.5×0.3×0.3＝0.045と、0.5×0.5×0.5＝0.125で、
　　　　　　合計すると、0.045＋0.125＝0.17
　　　　　　よって、0.09÷0.17≒0.529　→　0.529×100＝52.9（%）

2. 関数式のような式

この問題は、$f(n-1)+15n$ などのように、一定の関数式を与えて、n(年)後の数値などを求めるというもの。そこで、今回は次のようなことをやっていきます。

1 式を読み取る
n➡勤続年数
$n-1$➡nの1年前

2 計算法を知る
$n>0$という条件では
➡$n=0$のときは
関数式が使えない

3 計算する
スピードアップを
図る

　この問題では、**記号による算式を使い正しい計算が行える** という能力と、**算式の意味を理解できる** 能力が問われています。実社会でもさまざまなデータ、計算式による資料づくりが頻繁に行われています。企業は、与えられた条件からしくみを理解してスムーズに行えるという資質をもった人材かどうかをこういう問題から探っています。

　また、この問題は、かなり難問です。まずは時間を気にしないで、式の意味するところをきちんと理解できるまで、じっくり講義を読んでください。

　1問1分40秒をめやすに、設問を解いていきましょう。

まず問題を見る 次の説明を読んで、問1〜問3の設問に答えなさい。

ある企業では、採用からn（年）後のパートの日中における時給$k(n)$を、次の式のように計算している。

$$k(n)=k(n-1)+20n+50 \quad (n>0)$$
採用時$n=0$のとき $k(0)=a$ （a：採用時の時給）

問1 採用時の時給が850円のとき、2年後の時給はいくらか。

A 920円 B 940円 C 1010円
D 1100円 E 1250円 F 1300円

問2 この企業の深夜の時給は、
$p(n)=p(n-1)+40n+50 \quad (n>0)$として計算する。
採用時の時給が850円であるXが、3年後に50時間すべて日中に働いた場合とすべて深夜で働いた場合では賃金の総額の差はいくらか。なお、採用時の深夜の時給$p(0)=a$とする。

A 3000円 B 4500円 C 6000円
D 7500円 E 9000円 F 10500円

問3 Yはちょうど2年前から採用時の時給900円ですでに働いている。今回新しく時給1000円で働き始めたZと両者の日中の時給の差が200円以上になるのはZの採用から何年後か。

A 1年後 B 2年後 C 3年後
D 4年後 E 5年後 F 6年後
G A〜Fいずれとも違う

　まずは、与えられた式をよく見てみましょう。上の設問では、式の左辺は$k(n)$となっています。つまり、**この式は、勤続年数nに数値を代入して時給の金額を求めるもの**ですね。ところが、式の左辺に$k(n-1)$という項がありますね。すると、nに数値を入れても答えがわかりません。どうすればいいのでしょうか。

問1 採用時の時給が850円のとき、2年後の時給はいくらか。

A	920円	B	940円	C	1010円
D	1100円	E	1250円	F	1300円

！問われているのは

　ここで、問われているのは2年後の時給です。勤続年数2年ですから、式 $k(n) = k(n-1) + 20n + 50$ の n に2を代入して計算するようですね。でも、簡単に答えを出せるのでしょうか。

！解法は

　まず、次のような手順でこの問題を理解していきましょう。

POINT 1

　最初に、$k(n) = k(n-1) + 20n + 50$ という**式のしくみ**を考えます。これは、n に勤務年数である2を代入して時給の金額 $k(n)$ を求める というものです。まずはここまで理解できましたね。

POINT 2

　次に、$n > 0$ などの **条件を1つずつ確認** していきましょう。条件をまとめると次のとおり。

> ① **$n > 0$は、勤続年数nには0より大きい数値が入る。**
>
> ② **採用時$n = 0$のときは、$k(0) = a$で表される。$k(0)$は採用時の時給額aとなり、与えられた式は使わない。**

ここに注目

ここで、設問に「採用時の時給が850円」と条件がつけられていることに注目します。$k(0) = a$ ですから、$k(0) = 850$（円）ということです。あとで大切な資料となります。

それでは、実際に計算をしてみましょう。

$k(n) = k(n-1) + 20n + 50$ のnが2年ですから、nの箇所に2を代入し、

$k(2) = k(2-1) + 20 \times 2 + 50$ とし、計算をスタートします。

これを整理すると、$k(2) = k(1) + 40 + 50$ になります。

でも、$k(1)$がわからないと答えが出せませんね。

このように、いきなり与えられた式に$n = 2$を代入しても計算が詰まってしまうのです。

ここで、採用時の時給が関係してくるのです。

$n-1$（年）はn（年）の前の年になる わけですから、解法としては、採用時から順にたどって計算していくとよいでしょう。

やってみよう

採用時…$k(0) = a = 850$（円）

1年後…nに1を代入して

$$k(1) = k(1-1) + 20 \times 1 + 50 = k(0) + 20 + 50$$

$$k(0) = 850（円）より、k(1) = 850 + 20 + 50 = 920（円）$$

2年後…nに2を代入して

$$k(2) = k(2-1) + 20 \times 2 + 50 = k(1) + 40 + 50$$

$$k(1) = 920（円）より、$$

$$k(2) = 920 + 40 + 50 = 1010（円）$$

答えは

Cになります。

この企業の深夜の時給は、
$p(n)＝p(n-1)+40n+50$ （$n>0$）として計算する。
採用時の時給が850円であるXが、3年後に50時間すべて日中に働いた場合とすべて深夜で働いた場合では賃金の総額の差はいくらか。なお、採用時の深夜の時給 $p(0)＝a$ とする。

A　3000円　　B　4500円　　C　　6000円
D　7500円　　E　9000円　　F　10500円

問われているのは

問われているのは、3年後に日中に50時間働いた場合と深夜に50時間働いた場合の賃金の差です。

ここに注目 📐

説明文と設問文には2つの式があげられています。
　　日中の時給　$k(n)＝k(n-1)+20n+50$　（$n>0$）
　　深夜の時給　$p(n)＝p(n-1)+40n+50$　（$n>0$）
この2つの式は途中までは同じです。日中の時給の $20n+50$ と深夜の時給の $40n+50$ という増加額の部分が違います。

解法は

解法として次の2つの方法が考えられます。
　（1）　2つの式からそれぞれ場合の3年後の時給を計算するやり方。
　（2）　増加額部分だけを計算するやり方。
どちらが速く計算できるでしょうか？
まず、（1）の方法で計算しましょう。
日中の時給を求める計算をすると、
①採用時　$k(0)＝a＝850$（円）
②1年後の時給
　　n に1を代入して、$k(1)＝k(0)+20×1+50$

$k(0) = 850$（円）より、$k(1) = 850 + 20 + 50 = 920$（円）

③ 2年後の時給

nに2を代入して、$k(2) = k(1) + 20 \times 2 + 50$

$k(1) = 920$（円）より、$k(2) = 920 + 40 + 50 = 1010$（円）

④ 3年後の時給

nに3を代入して、$k(3) = k(2) + 20 \times 3 + 50$

$k(2) = 1010$（円）より、$k(3) = 1010 + 60 + 50 = 1120$（円）

これではかなり時間がかかってしまいますね。

（2）の方法ではどうでしょう。

POINT 3

2つの式を見比べてみます。採用時の時給は850円と2つの式のベースは同額ですから、増加額の差額だけを計算することでも、賃金の差を求められるでしょう。

このように、**式の意味を正しく理解できれば、時間を短縮する** ことができるのです。

まず、式の意味を考えてみましょう。

$k(n) = k(n-1) + 20n + 50$

nは勤続年数を表すので、$k(n-1)$の部分には前年の時給金額が入ります。

1年後であれば、$k(1-1) \rightarrow k(0)$……問題の条件から850円

2年後であれば、$k(2-1) \rightarrow k(1)$

3年後であれば、$k(3-1) \rightarrow k(2)$

次に、$+20n+50$の部分は年ごとの増加金額を表しています。

1年後であれば、$20 \times 1 + 50$

2年後であれば、$20 \times 2 + 50$

3年後であれば、$20 \times 3 + 50$

よって、採用時の時給が850円から

1年後は$20 \times 1 + 50$の70円アップ。

2年後は1年後の時給に$20 \times 2 + 50$の90円アップ。

3年後は2年後の時給に$20 \times 3 + 50$の110円アップ。

その後、$20 \times n$でnは1ずつ増えるので、時給の増加額は前年よりも20円ずつアップしていきます。

同じように考えると、$p(n) = p(n-1) + 40n + 50$の式では、時給の増加額

は前年よりも40円ずつアップしていくことになりますね。

これを使えば、短時間で設問を解くことができます。

日中の時給…$k(n) = k(n-1) + 20n + 50$ ($n > 0$)
深夜の時給…$p(n) = p(n-1) + 40n + 50$ ($n > 0$)

この2つの式における増加額のみの計算を行うと次のようになります。

日中の時給の増加額

採用時から1年後は$20 \times 1 + 50 = 70$（円）ですね。その後、増加額は前年より20円ずつアップします。よって、2年目の増加額は90円、3年目の増加額は110円となり、増加総額は、$70 + 90 + 110 = 270$（円）

深夜の時給の増加額

同じ方法で採用時から1年後は$40 \times 1 + 50 = 90$（円）です。増加額は毎年40円ずつアップするので、2年目の増加額は130円、3年目は170円ですね。よって、増加総額は、$90 + 130 + 170 = 390$（円）

両者の差は$390 - 270 = 120$（円）で、これが時給の差です。これに就業時間の50時間を掛けて賃金の差を出すと

$$120（円）\times 50（時間）= 6000（円）$$

答えは

Cですね。

問3 Yはちょうど2年前から採用時の時給900円ですでに働いている。今回新しく時給1000円で働き始めたZと両者の日中の時給の差が200円以上になるのはZの採用から何年後か。

A　1年後　　B　2年後　　C　3年後
D　4年後　　E　5年後　　F　6年後
G　A〜Fいずれとも違う

！問われているのは

ここでは、**2年前から働いているYと今回から働くZの時給の差が200円**以上になる年数が求められています。この場合、**問2**のような増加額のみの計算では解けません。

！解法は

この設問は2人の時給をそれぞれ計算し、その差を比較していきます。

POINT 4

問2により、採用から1年後の増加額は70円、2年後の増加額は90円、3年後の増加額は110円、……と、増加額が前年に比べて20円ずつアップすることもわかります。よって、Z採用時のYの時給は1060円ですね。

このように、スピードアップのため、**前の設問の解法から利用できるものはどんどん活用**していきましょう。

やってみよう

Y、Zの時給を計算すると、次の表のようになります。

	Yの時給	Zの時給	差
Z採用時	$k(2)=k(2-1)+90=1060$	$k(0)=1000$	60
その1年後	$k(3)=k(3-1)+110=1170$	$k(1)=k(1-1)+70=1070$	100
2年後	$k(4)=k(4-1)+130=1300$	$k(2)=k(2-1)+90=1160$	140
3年後	$k(5)=k(5-1)+150=1450$	$k(3)=k(3-1)+110=1270$	180
4年後	$k(6)=k(6-1)+170=1620$	$k(4)=k(4-1)+130=1400$	220

答えは

Dになります。

ポイントのまとめ
関数式のような式

POINT 1
どんな式なのか、おさえる！

今回の場合は、n に勤続年数を入れて時給を求める式であった。

この手の問題は、何が変数になっていて何を求める式かをまずおさえよう。

POINT 2
条件を確認する。

$n > 0$ という条件が与えられていれば、$n = 0$ のときはこの式があてはまらないということ。式にどのような条件がついているか確認しておくこと。解法の手がかりになる。

POINT 3
式を見比べて時間短縮！

今回は2つの式で算出する答え（賃金）の差を求めるもの。

1つずつ代入していたら時間がかかるので、この場合は、2つの式を見比べて、どこが違うのか考えよう。

POINT 4
使えるデータをさがそう！

前問の答えや解法の過程が次の設問に利用できることがある。スピードアップにつながるので、設問を解くときに、使えるデータはなかったか考える癖をつけよう。

類題にトライ Let's TRY!
やり方がわかったところで、忘れないうちにもう一度！

次の説明を読んで、問１、問２の設問に答えなさい。

ある生物の異常繁殖によるn年後の個体数$f(n)$は、次のような計算式で表すことができる。

$$f(n) = 3f(n-1) - f(n-2)$$

ただし、はじめの個体数を$f(0)$とし、$f(-1)$、$f(-2)$など$n < 0$のときは$f(n) = 0$とする。

問1 はじめの個体数が10個のとき、3年後の個体数はいくつになるか。

| A | 20個 | B | 30個 | C | 80個 |
| D | 130個 | E | 150個 | F | 210個 |

問2 3年後の個体数が336個のとき、最初の個体数は何個だったか。

| A | 8個 | B | 9個 | C | 12個 |
| D | 13個 | E | 16個 | F | 17個 |

◆答え：**問1** F **問2** E

◆解説：**問1** 3年後の個体数を求めるので、$f(3)$を計算する。

$$f(3) = 3f(3-1) - f(3-2)$$
$$= 3f(2) - f(1) \quad \cdots ①$$

ここで、

$$f(1) = 3f(1-1) - f(1-2) = 3f(0) - f(-1)$$
$$= 3 \times 10 - 0 = 30 \quad \cdots ②$$
$$f(2) = 3f(2-1) - f(2-2) = 3f(1) - f(0)$$
$$= 3 \times 30 - 10 = 80 \quad \cdots ③$$

よって、①に②と③を代入し、$f(3) = 3 \times 80 - 30 = 210$

問2 3年後の個体数が336個なので、

$$f(3) = 3f(2) - f(1) = 336 \quad \cdots ④$$

問1より、$f(2) = 3f(1) - f(0)$、$f(1) = 3f(0)$だから、④に代入して、

$$3\{3f(1) - f(0)\} - 3f(0) = 336$$
$$9f(1) - 3f(0) - 3f(0) = 336$$
$$9 \times 3f(0) - 3f(0) - 3f(0) = 336$$
$$27f(0) - 6f(0) = 336$$
$$21f(0) = 336$$
$$f(0) = 16$$

Part 2
言語分野

第9回 言葉を比べる

1. 2語の関係

点取りやすさ
★★★★

高層ビルと建築物。この2つには、高層ビルは建築物の一部という意味上の関係があります。ここでは、例で示されている2つの語の関係と同じ関係のものをさがします。

ここでやること

1 2語の関係を見抜く

2 同じ関係をさがす

3 左右を確認する

　2語の関係の問題は、例にある2つの単語の意味上の関係と同じものを選択肢の中から選ぶものです。ほかでは見られないSPI独特の問題です。一見、単純なように見えますが、**思考力と論理力を試される問題**　です。

　とはいえ、練習して慣れておけば難しくありません。実際のSPI検査では、1問あたり20〜25秒を目安に解答し、それをオーバーしそうなときは、とりあえずこれだという選択肢を選んで、あとから時間の余裕によって再検討するのがベストです。

問1から問6までの6問では、まず太字で示された2語の関係を考え、これと同じ関係を示す対を選びなさい。

（例）　**格闘技：相撲**　　　ア　文字：ひらがな
　　　　　　　　　　　　　　　イ　天気：曇り
　　　　　　　　　　　　　　　ウ　将棋：ゲーム

　　A　アだけ　　　B　イだけ　　　C　ウだけ
　　D　アとイ　　　E　アとウ　　　F　イとウ

この例では相撲は格闘技の一種であり、対の左側にある格闘技が右側にある相撲を含むという関係にあります。これと同じ関係の対は、アの「文字：ひらがな」とイの「天気：曇り」になります。ウの「将棋：ゲーム」は、対の左側にある「将棋」が右側にある「ゲーム」に含まれるため、「格闘技：相撲」と同じ関係とはいえません。よって、Dを選ぶのが最も適切です。
例にならって、以下の6問について、AからFまでの中から最も適切なものを1つずつ選びなさい。なお、各問いでは、太字の2語の関係はさまざまであり、必ずしも上の例と同じものとは限らないことに注意しなさい。

問1　**アンテナ：受信**

　ア　辞書：勉強
　イ　道路：信号
　ウ　貯水：ダム

　　A　アだけ　　　B　イだけ　　　C　ウだけ
　　D　アとイ　　　E　アとウ　　　F　イとウ

問2　**石油：鉱物資源**

　ア　公共機関：市役所
　イ　税務署員：公務員
　ウ　いんげん：豆類

　　A　アだけ　　　B　イだけ　　　C　ウだけ
　　D　アとイ　　　E　アとウ　　　F　イとウ

問3 ノブ：ドア

ア　ビール：王冠
イ　パソコン：マウス
ウ　ハンドル：自転車

A　アだけ　　　B　イだけ　　　C　ウだけ
D　アとイ　　　E　アとウ　　　F　イとウ

問4 チーズ：牛乳

ア　ホップ：ビール
イ　セメント：石灰石
ウ　豆腐：小豆

A　アだけ　　　B　イだけ　　　C　ウだけ
D　アとイ　　　E　アとウ　　　F　イとウ

問5 野菜：ほうれんそう

ア　テレビ：新聞
イ　ドラマ：番組
ウ　職業：コピーライター

A　アだけ　　　B　イだけ　　　C　ウだけ
D　アとイ　　　E　アとウ　　　F　イとウ

問6 コック：調理

ア　医者：研究
イ　建築：大工
ウ　パイロット：操縦

A　アだけ　　　B　イだけ　　　C　ウだけ
D　アとイ　　　E　アとウ　　　F　イとウ

これが、SPI本番の典型的な2語の関係の問題です。最初に、問題のように解き方の説明文がありますが、本番ではこの説明文を読まないでいきなり**問1**から解答できるように、説明の箇所は、この講義を読んだ段階であらか

じめ頭に入れておきましょう。

　さて、実際にSPIで出題される２語の関係パターンには次のものがあります。このうち、「包含」、「用途」、「部分」が頻出項目ベスト３です。

　設問に入る前に、まずはこれらの関係パターンを把握して、区別の仕方を身につけておきましょう。

２語の関係パターン

- ★**包含**　　□□は△△の一種である
- ★**用途**　　□□を△△に用いる
- 　**原料**　　□□が△△の原料になる　（材料もこの仲間）
- ★**部分**　　□□は△△の一部分である
- 　**仕事**　　□□は△△の仕事をする
- 　**同意**　　□□と△△とは同じ意味である
- 　**反意**　　□□と△△とは反対の意味である

　この問題を解くときは、常に、上記「包含」～「仕事」のいずれの関係であるかを、**すばやく正確に見抜こう**　という意識を持ってあたってください。できれば、「包」「用」「原」「部」「仕」などの　**自分だけの略語を作って、鉛筆でもとの２語の横に書きこみをする**　とよいでしょう。関係パターンを見抜いたら、**＞　＜　→　←　など、左右の関係を示す印もつける**　とよいでしょう。この際、大きな分類のほうを大きいという向きにします。

　たとえば…　　　　　ＢがＡの一種のときは　Ａ＞Ｂ
　　　　　　　　　　　ＡがＢの一種のときは　Ａ＜Ｂ

　例の「格闘技：相撲」は、格闘技のほうが大きな分類、相撲はその中に含まれる１つの要素で「包含」になります。

格闘技＞相撲　（包）

問1 **アンテナ：受信**

ア　辞書：勉強
イ　道路：信号
ウ　貯水：ダム

A　アだけ　　B　イだけ　　C　ウだけ
D　アとイ　　E　アとウ　　F　イとウ

！解法は

　まずは、太字の関係を考えます。先に紹介した「2語の関係パターン」に順にあてはめてみましょう。

　「アンテナ」は「受信」の一種。

　「アンテナ」は、電波を発したり受けたりするための「もの」です。一方、「受信」は電波などを受ける「こと」ですね。「もの」と「こと」、両者は質の違うものです。ですから、アンテナは、受信という概念の中に含まれるものではありません。つまりこの2語は包含の関係とはいえないのです。

　では、次のパターンを考えてみましょう。

　「アンテナ」を「受信」に用いる

　確かに、アンテナは受信をするときに用いるものです。つまり「用途」の関係にあります。

POINT 1

　2語の関係の問題では、**まず、太字で示された2語の関係を正確にとらえること**　です。

　太字では、右側＝受信（目的）のために、左側＝アンテナ（道具）を用いるので、略語や記号を使うとこうなります。

　アンテナ→受信　　（用）

　それでは、これと同じ関係のものを、選択肢からさがしましょう。すべて、太字と同じ関係パターンにあてはめていきます。

ア…辞書を勉強に用いるので、用途の関係。右が目的で左が道具。太字と同じです。

イ…道路は信号のために使うとはいえません。通行に使うものです。

ウ…この2語は用途の関係です。しかし、ダムは貯水に使うもの。つまり、太字の例とは左右が逆です。

POINT 2

このように、**2語の関係は太字と同じでも、左右が逆の場合**　もあります。2語の関係を略語だけでなく、記号も使って考えるとミスが防げます。略語と記号で表してみると、次のようになります。

ア　辞書→勉強　（用）　正しい
イ　道路？信号　（×）　×
ウ　貯水←ダム　（用）　×

答えは

アだけが用途のパターンですから、A です。

問2　石油：鉱物資源

ア　公共機関：市役所
イ　税務署員：公務員
ウ　いんげん：豆類

A　アだけ　　B　イだけ　　C　ウだけ
D　アとイ　　E　アとウ　　F　イとウ

解法は

まず、包含、用途、原料、部分…と、関係を順にあてはめてみます。石油は鉱物資源の一種であるといえます。したがって、「包含」の関係です。

石油＜鉱物資源　　（包）

POINT 3

選択肢は、ア　公共機関＞市役所（包）、イ　税務署員＜公務員（包）、ウ
いんげん＜豆類（包）　で、すべて包含関係にあるもの。アは左右が逆の
関係ですから、同じものはイとウになります。**正しい選択肢は1つとは限ら
ない**　ので、注意しましょう。

答えは
F です。

問3　ノブ：ドア

ア　ビール：王冠
イ　パソコン：マウス
ウ　ハンドル：自転車

A　アだけ　　B　イだけ　　C　ウだけ
D　アとイ　　E　アとウ　　F　イとウ

解法は

これも、同様に、包含、用途、原料、部分…と順にあてはめてみます。ノ
ブはドアの一部分なので、ノブ＜ドアの関係です。
　選択肢をあたりましょう。

ア…部分関係ではありません。王冠はビール瓶にはついていますが、ビール
　　という「飲み物」の中に含まれる一部分ではありません。早とちりは禁
　　物。
イ…マウスはパソコンの一部分ですが、　パソコン＞マウス　となり、太字
　　と左右が逆です。
ウ…ハンドル＜自転車　となり、太字の関係と一致します。

答えは
C です。

ここに注目

　ここで、2語の関係で出題率の高い「包含」と「部分」の違いについて、見分け方を説明しておきましょう。

　包含と部分は、左右いずれかがもう一方の要素やその一種類になるもの。一見似ていますから、その違いをしっかり見分けることが重要です。

包含　テレビ、冷蔵庫、掃除機、エアコン…。これらはどれも「家電製品の仲間」です。テレビは家電製品の一種です。このとき、テレビと、家電製品は包含関係にあるといえます。

部分　テレビは、アンテナ、スイッチ、リモコン…など、数多くの部品（部分）からできています。これらはテレビという「大きなカラダの一部」だといえます。このとき、アンテナとテレビは部分関係です。

　いかがでしょうか。「…の一種」「…の仲間」が包含、「…の一部」が部分です。両方の言葉が、具体的に絵にかいてイメージできる場合は「部分」、片方の言葉は具体性がなく、いろいろなものを集めた概念の語句である場合は「包含」になることが多いのです。もちろん、例外もあります。

POINT 4

　関係がわからないときは、**わからない問題にあまりこだわりすぎない**　ことも大切です。時間との勝負であることも留意してください。

> **問4**　**チーズ：牛乳**
>
> 　ア　ホップ：ビール
> 　イ　セメント：石灰石
> 　ウ　豆腐：小豆
>
> 　A　アだけ　　　B　イだけ　　　C　ウだけ
> 　D　アとイ　　　E　アとウ　　　F　イとウ

！解法は

　チーズは牛乳をもとにして作られる製品で、「原料」の関係になります。原料と製品の関係は、次のようにメモをするとわかりやすいでしょう。

チーズ（製品）←牛乳（原料）

ア…ホップはビールの原料。ホップ（原料）→ビール（製品）で、太字と左
　　右が逆です。うっかりミスに注意してください。
イ…石灰石はセメントの原料。セメント（製品）←石灰石（原料）ですから、
　　太字と同じ関係になります。
ウ…豆腐と小豆（あずき）は原料と製品の関係ではありません。豆腐の原料
　　は大豆です。小豆はまんじゅうの餡や羊羹などの原料になります。

答えは
　B です。

問5 野菜：ほうれんそう

ア　テレビ：新聞
イ　ドラマ：番組
ウ　職業：コピーライター

A　アだけ　　　B　イだけ　　　C　ウだけ
D　アとイ　　　E　アとウ　　　F　イとウ

解法は

　ほうれんそうは野菜の一種。つまり包含になります。すでに包含は**問2**と
問3に登場したのでは…。このように、一度、二度登場しても、しばらくお
いて二度も三度も同じ関係が顔を出すのが、2語の関係問題の特徴なのです。
くれぐれも用心してください。
　包含関係の見分け方には、慣れてきましたか。野菜＞ほうれんそうですね。
ア…テレビと新聞はいずれもマスメディアの一種。包含関係ではなく、あえ
　　て言えば同類です。SPIでは「同類」という2語の関係は出題されません。
　　同意語と混同しないこと。

イ…ドラマと番組は、包含関係。ドラマ＜番組ですから、太字と逆です。

ウ…これも包含関係です。職業＞コピーライターです。

答えは

Cです。

問6 コック：調理

ア　医者：研究
イ　建築：大工
ウ　パイロット：操縦

A　アだけ　　B　イだけ　　C　ウだけ
D　アとイ　　E　アとウ　　F　イとウ

解法は

POINT 5

　コックは調理をするのが仕事なので、この2語は「仕事」の関係です。

ア…医者は研究もするので、正解と思う人もいるかも知れません。しかし、医者の本職は治療です。研究を本業とする医者もいるかもしれませんが、それは例外、少数派です。このように、SPIの2語の関係では、**その語の本来の用途や仕事などを考える**　のです。例外は禁物なのです。

イ…建築と大工は仕事の関係ですが、例と左右が逆です。

ウ…パイロットは操縦をすることが仕事ですから、例題と同じ関係です。

答えは

Cです。

POINT!
ポイントのまとめ
2語の関係

POINT 1
2語の関係はどのパターンか。すばやく見抜こう！

パターンがわかったら、略語を使って鉛筆で書きこんでいこう。

POINT 2
左右の語が逆のものに注意しよう！

これを間違うと正解を出すことはできない。左右の関係も ＞ ＜ → ← を使って正しく印をつけること。

POINT 3
正しい選択肢は１つとは限らない！

正解を見つけたらおしまいではない。選択肢は最後まで検討すること。

POINT 4
わからない問題にこだわりすぎない！

てきぱきと解答をすることも大切。時間との勝負であることを忘れずに。

POINT 5
「仕事」の関係では例外の意味を考えない！

SPIの２語の関係、とくに「仕事」の関係では、その語本来の意味だけを考えよう。例外は禁物だ。

類題にトライ Let's TRY!

やり方がわかったところで、忘れないうちにもう一度!

問1から問4までの4問では、まず太字で示された2語の関係を考え、これと同じ関係を示す対を選びなさい。

問1 万年筆：筆記

　ア　チョーク：板書
　イ　板書：チョーク
　ウ　ストーブ：暖房

　A　アだけ　　B　イだけ　　C　ウだけ
　D　アとイ　　E　アとウ　　F　イとウ

問2 野球ボール：牛皮

　ア　くちなし：漢方薬
　イ　ピーマン：酢豚
　ウ　ケチャップ：トマト

　A　アだけ　　B　イだけ　　C　ウだけ
　D　アとイ　　E　アとウ　　F　イとウ

問3 力士：相撲

　ア　作家：ベストセラー
　イ　オペレーター：電話交換
　ウ　作家：執筆

　A　アだけ　　B　イだけ　　C　ウだけ
　D　アとイ　　E　アとウ　　F　イとウ

問4 うさぎ：哺乳類

　ア　カブトムシ：昆虫
　イ　水泳：ターン
　ウ　ソメイヨシノ：さくら

　A　アだけ　　B　イだけ　　C　ウだけ
　D　アとイ　　E　アとウ　　F　イとウ

◆答え：**問1** E　　**問2** C　　**問3** F　　**問4** E

2. 同じ意味

単に「問題」といっても、「試験の問題」と「生きるべきか、
死ぬべきか、それが問題だ」では意味が違います。例文の
語と同じ意味、用法のものを選ぶのがこの問題です。

1 語の意味を正しくつかむ

2 同じ意味のものをさがす

3 品詞や用法にも注意する

　ここでは、下線が引かれた語と同じ意味、用法の語を選ぶことが要求されています。ひらがなで書く助動詞や助詞にも、いくつもの用法があるので、**日頃から使い方を意識しておくこと** が大切です。

　「同じ意味」の問題は、言語系の短語句問題では、最も手ごわく感じるもの。選択肢にはまぎらわしいもの、学生が日常的に使用しない語なども含まれています。慎重に下線の語の意味を考えていきましょう。

まず問題を見る 問１から問４までの４問では、各問いのはじめにあげた下線部分の語の意味を考え、ＡからＥまでの中で下線の語がこれと最も近い意味に使われているものを１つずつ選びなさい。

問1 相手の<u>腹</u>をさぐる

A もはや<u>腹</u>をくくるべきだ　　B <u>腹</u>を抱えて笑う
C 私の<u>腹</u>を痛めた子どもだ　　D 君の<u>腹</u>に収めておけ
E <u>腹</u>も身の内と知る

問2 思わず<u>地</u>が出る

A 陣<u>地</u>争い　　　　　　B <u>地</u>価の下落傾向
C <u>地</u>下室の入り口　　　D 教養の素<u>地</u>
E 失<u>地</u>回復の手段

問3 荷物<u>は</u>持てる

A 彼女<u>は</u>行く　　　　　　B 風<u>は</u>吹く
C フランス語<u>は</u>難しい　　D フランス<u>は</u>遠い
E フランス語<u>は</u>得意だ

問4 不注意<u>から</u>惨事になる

A 「あ」行の単語<u>から</u>始める　　B 勝手口<u>から</u>出る
C 牛乳<u>から</u>チーズを作る　　　　D 風邪<u>から</u>肺炎になる
E 午後<u>から</u>会議をする

　下線が引かれた語は、名詞・動詞・形容詞・形容動詞など、その１語だけで意味がわかる自立語のこともあれば、助動詞・助詞など、その１語では意味がわからない付属語のこともあります。ここでは、その文中における用法をしっかり吟味し、ほかの選択肢との違いを確認することが要求されます。

相手の<u>腹</u>をさぐる

A もはや<u>腹</u>をくくるべきだ　　B　<u>腹</u>を抱えて笑う
C 私の<u>腹</u>を痛めた子どもだ　　D　君の<u>腹</u>に収めておけ
E <u>腹</u>も身の内と知る

解法は

POINT 1

　下線部が漢字1文字の場合、その漢字の本来の意味、つまりパッと直感する意味は正解でありません。その語の本来の意味は正解でないのです。「腹」は身体の一部で、「おなか」が本来の意味です。**本来の意味ではなく、そこから派生したあらたな意味、別の意味で使われているものが、正解となることが大半** です。これは重要な点ですから、覚えてください。

やってみよう

　例文の意味は

　相手の腹をさぐる→相手の考え方や思惑をさぐる

です。Aから順に、選択肢の「腹」の意味を考えてみます。

A もはや<u>腹</u>をくくるべきだ　　…「決心する」の意味
B <u>腹</u>を抱えて笑う　　…「とてもおかしい」の慣用句
C 私の<u>腹</u>を痛めた子どもだ　　…身体の一部としての「腹」
D 君の<u>腹</u>に収めておけ　　…「考え方・心中」の意味
E <u>腹</u>も身の内と知る　　…実際の身体の一部としての「腹」

答えは

D です。

問2 思わず<u>地</u>が出る
- A 陣<u>地</u>争い
- B <u>地</u>価の下落傾向
- C <u>地</u>下室の入り口
- D 教養の素<u>地</u>
- E 失<u>地</u>回復の手段

 **解法は**

前問と同様、漢字1文字の問題ですね。

「地」の本来の意味は「地面」、「地表」です。

やってみよう

例文の意味を見てみましょう。

思わず<u>地</u>が出る→隠していた本性が表に出る

次に、選択肢の「地」の意味を見てみましょう。

- A 陣<u>地</u>争い　　　…「領地・領土」の意味
- B <u>地</u>価の下落傾向　…「土地」の意味
- C <u>地</u>下室の入り口　…「地面、地表」の意味
- D 教養の素<u>地</u>　　…「本性・もちまえ」の意味
- E 失<u>地</u>回復の手段　…「領地・領土」の意味

答えは

D です。

問3 荷物<u>は</u>持てる
- A 彼女<u>は</u>行く
- B 風<u>は</u>吹く
- C フランス語<u>は</u>難しい
- D フランス<u>は</u>遠い
- E フランス語<u>は</u>得意だ

解法は

● POINT 2

　一見すると選択肢はみな同じように見えますが、慎重に考えてください。例文の文章の主語は、「荷物」ではありません。荷物はふつう何も持ちません。荷物を持つのは人やロボットなどです。

　そこで、

「私は、（ほかのものは別として）荷物は持てる」

と主語を補うと文が完成します。

　このように、主語となる語の後に使われているのか、目的語となる語の後なのかなど、**助詞の問題は、意味よりも用法を判断する**　ことです。ここでは、主語を補えるか選択肢を検討してみます。

やってみよう

　まずは、「は」の用法を確認しましょう。

「は」の用法
①主語の後に使う　→主語を強調。他と区別する働き
②目的語の後に使う→その目的語を強調する働き

　例文と同じように選択肢の文も主語を補えるか検討します。

　AからDは、「は」の前が文の主語ですから、別の語を補うことはできません。①の用法です。

　Eは「私はフランス語が得意だ」などと主語を補うことができますから、②の用法です。

答えは

　Eです。

問4　不注意から惨事になる

- A　「あ」行の単語から始める
- B　勝手口から出る
- C　牛乳からチーズを作る
- D　風邪から肺炎になる
- E　午後から会議をする

解法は

POINT 3

1つの助詞にいくつもの意味用法があるときは、**例文の下線部を別の語でいいかえてみる**　ことです。同じいいかえができれば同じ意味です。英語が得意なら、英語に直して考えてみるのも、1つの方法でしょう。

やってみよう

まず、「から」の用法を確認しておきましょう。名詞や代名詞などの体言の後に用いるとき、格助詞となり、次の意味を表わします。

格助詞（体言＋から）「から」の意味
①動作の起点（時間、場所など）　②経由する場所
③理由・原因　④材料・原料
⑤開始順序・発端　⑥範囲

例文の「から」の用法は、③の理由・原因です。別のいい方に置きかえてみます。

不注意から惨事になる→不注意のために惨事になる

同様に選択肢もいいかえてみます。正しい文になるのはDだけですね。

- A　「あ」行の単語のために始める
- B　勝手口のために出る
- C　牛乳のためにチーズを作る
- D　風邪のために肺炎になる
- E　午後のために会議をする

答えは

Dになります。

ポイントのまとめ **POINT!**
同じ意味

POINT 1
漢字1文字の場合、本来の意味は正解でない！

下線部が漢字1文字の場合、パッと直感する意味は正解でない。派生的意味を考えよう。

POINT 2
下線部が助詞なら主語を補えるかなど用法を検討！

「は」「が」「を」などの助詞の場合、主語や目的語を補えるかを検討するのが一番手っ取り早い。ただし、似たような文章構造に惑わされないように。

POINT 3
例文の下線部を別の語でいいかえて確認！

「から」などの助詞なら、「〜のために」といいかえてみよう。同じいいかえのできる選択肢が正解。わかりやすい言葉でいいかえてみること。英語が得意なら、英語に直して考えるのも1つの方法だ。

類題にトライ

やり方がわかったところで、
忘れないうちにもう一度！

Let's TRY!

第9回

言葉を比べる

2 同じ意味

問１から問４までの４問では、各問いのはじめにあげた下線部分の語の意味を考え、ＡからＥまでの中で下線の語がこれと最も近い意味に使われているものを１つずつ選びなさい。

問１ 他人の不幸に胸を痛める

A 胸の病にかかる　　　　　B 食べ過ぎて胸が焼ける
C 興奮で胸がどきどきする　D 悲しみが胸に迫る
E 胸一杯に吸い込む

問２ おだてに乗る

A 風に乗る　　　　　B 口車に乗る
C バスに乗る　　　　D 相談に乗る
E 化粧がよく乗る

問３ 手をぬく

A 朝食をぬく　　　　　B 先進国をぬく
C 肩の力をぬく　　　　D とげをぬく
E ライトの頭上をぬく

問４ 役人になる

A ついに社長になる　　B 過去は水に流そう
C プールに行く　　　　D 運動は体にいい
E 母に頼む

◆答え：**問1** D　**問2** B　**問3** A　**問4** A
◆解説：**問1** 精神、心の意味。
　　　　問2 相手の思惑通りに動かされること。
　　　　問3 省略したり、それなしですませる意味。
　　　　問4 結果を表わす格助詞。

3. 語句の意味

将来に対する期待や明るい見通しを何という？　答えは
「希望」。語彙力をたっぷりつけてビジネスの大海に漕ぎ
出そう。言語分野では、語彙力が繰り返し問われます。

ここでやること

1 文の意味をとらえる

2 該当する語をさがす

3 同じ漢字に注意する

　SPI試験において、語句の意味の問題の大部分が2字熟語の意味を問うものです。ただ、日常で、**大学生があまり使わない語句がほとんどなので、意識して覚えておく必要** があります。また、まぎらわしい選択肢がいくつも並んでいます。とくに、正解の語句と同じ漢字1文字を使った熟語が多く、慎重に検討することも要求されます。

　対策は、とにかく、**語彙数を増やすこと**。日頃から意味があいまいな語やわからない語に出会ったら、こまめに調べる習慣をつけることです。

まず問題を見る 問１から問４までの４問は、各問いのはじめにあげた言葉と意味が最もよく合致するものを、ＡからＥまでの中から１つずつ選びなさい。

問1 他人に操られている人

    A　奴隷　　B　家来　　C　俗人
    D　傀儡　　E　商人

問2 病気を根本からなおすこと

    A　治療　　B　根治　　C　通院
    D　手術　　E　診断

問3 互いに競い合うこと

    A　逐次　　B　逐電　　C　角逐
    D　角力　　E　互角

問4 死後に官位を贈ること

    A　追従　　B　寄贈　　C　遺贈
    D　褒賞　　E　追贈

GUIDE

　一般に中学や高校のテストや大学入試の国語の試験で「語句の意味」として出される設問形式は、ある語の意味を書かせたり、選択させたりするものだったことでしょう。たとえば、「矛盾とは？」「つじつまが合わないこと」という具合です。SPIではその逆で、まず、**言葉の意味を与えて、それに該当する語を選択させる形で出題**されます。

　選択肢には、まぎらわしいものが置かれています。とくに、正解と同じ漢字を用いた熟語がいくつも並んでいるものは、目移りしないよう慎重に考えることです。

問1 他人に操られている人

| A | 奴隷 | B | 家来 | C | 俗人 |
| D | 傀儡 | E | 商人 | | |

解法は

設問の意味を考えます。

「他人に操られる」とは、かげから人に利用されるという意味です。表舞台に立つ人を、裏で操る存在があるとき、この関係が生まれます。

操られる➡他人の思いのままに動かされている

POINT 1

選択肢を検討します。「傀儡」は読めないし、わからないという人も多いでしょう。一方、簡単そうな「商人」「家来」は明らかに違います。ポイントは、**選択肢はわかる語から検討して消去する** ことです。残りを見ていきましょう。

A 奴隷…人間の権利や自由を奪われ強制的に労働をさせられる人。
C 俗人…風流を解さない教養の低い人。
D 傀儡(かいらい)…他人に利用されて、その人のいうままに行動する人。

「傀儡」は、もと「あやつり人形」の意で、それから転じて「他人に利用されて、その人のいうままに行動する人」のことも指すようになりました。また、「奴隷」は主人の命令に従わなくてはなりませんが、「操られている」という点では、「傀儡」が最も適しています。

答えは
D です。

問2　病気を根本からなおすこと

A　治療　　B　根治　　C　通院
D　手術　　E　診断

解法は

　まぎらわしい語句が並んでいます。どれも病気をなおすことに関連している語句ばかりです。1語ずつ、設問文の意味と合うかどうかを検討します。

　病気に関連しているからといって正解ではありません。注目は、「根本から」です。単にうわべだけの症状を改善するのではなく、病気のもとからなおしてしまうという意味を考えましょう。設問文の意味は、

病気を根本からなおす
➡単なる症状の改善でなく根元からなおすこと

順に、語句の意味を調べていきます。

A　治療…手当てをして病気やけがをなおすこと。

B　根治…病気を根本からなおすこと。

C　通院…病院へ通うこと。

D　手術…患部を切断・切開すること。

E　診断…病気の有無を判断すること。

答えは
Bです。

問3 互いに競い合うこと

　　A　逐次　　B　逐電　　C　角逐
　　D　角力　　E　互角

解法は

POINT 2

　選択肢の語には、「逐」という漢字、「角」という漢字がそれぞれ３個ずつ使われています。似たような語、見慣れない語もあります。いくつかある**同じ漢字を用いた熟語にまどわされない注意力**　も必要です。

　問題文の意味は、

> 互いに競い合うこと
> ➡お互いに、相手に負けまいと張り合うこと

　順に、語句の意味は次のとおりです。

A　逐次…順を追って次々に。

B　逐電…すばやく逃げて、姿をくらますこと。

C　角逐…互いに争うこと。「角」はあらそう、「逐」は追い払う意味。

D　角力…相撲（すもう）のこと。相撲の社会のことを角界ともいいます。

E　互角…２つのものに優劣の差がないこと。

答えは
Cです。

問4	死後に官位を贈ること

A　追従　　B　寄贈　　C　遺贈
D　褒賞　　E　追贈

解法は

POINT 3

「死後に官位を贈ること」という意味の語はどれかということですね。この問題も、選択肢に同じ漢字が含まれています。「贈」が3個、「追」が2個です。このように、ほかの選択肢と同じ漢字が含まれている選択肢は、正解になる可能性が高いといえますが、まぎらわしくするために置かれていることもあります。だからといって、**SPIでは、テクニックに走ることなく、きちんと1つ1つの語句の意味を考えること**　を心がけてください。ずばり正解がわからなければ、意味のわかる語から消していく、消去法を使います。

　問題文の意味は、

> 死後に官位を贈ること
> ➡ その人の功績をたたえて亡くなった後に高い官職をあげたりすること

順に、語句の意味を調べていきます。
A　追従（ついしょう）…おべっかを使う、ゴマをすること。
B　寄贈…金銭や物品を贈り与えること、「寄付」とほぼ同じ意味。
C　遺贈…亡くなった人の遺言により、財産を他人に贈与すること。
D　褒賞…ほめたたえて与えるもの。
E　追贈…人が亡くなった後に、官位・称号・勲章などを贈ること。

答えは

E です。

POINT!
ポイントのまとめ
語句の意味

POINT 1
選択肢はわかるものから検討。
消去法を使おう！

ここでは、読めないような難しい語が正解のこともある。わからないからと
投げ出さないで、まずは、知っている語の選択肢からチェックしていこう。

POINT 2
同じ漢字を用いた熟語にまどわされないこと！

選択肢には同じ漢字がいくつか並んでいることもある。似たような語にまど
わされず、落ち着いて考えよう。

POINT 3
テクニックに走ることなく
きちんと語句の意味を考えよう！

あせらず、ひとつひとつ語句の意味を考えていこう。ここでは、語句の意味
の理解度が問われていることを忘れずに。

類題にトライ Let's TRY!

やり方がわかったところで、忘れないうちにもう一度！

問1から問5までの5問は、各問いのはじめにあげた言葉と意味が最もよく合致するものを、AからEまでの中から1つずつ選びなさい。

問1 罪や不正を調べて責任を問うこと

A 訴追　　B 弾劾　　C 捜査
D 査定　　E 公判

問2 気持ちがふるい立つさま

A 発起　　B 軒昂　　C 野心
D 努力　　E 精進

問3 とりまいて見ること

A 監視　　B 看視　　C 環視
D 監察　　E 連環

問4 大規模な贈収賄事件のこと

A 疑惑　　B 煉獄　　C 疑獄
D 容疑　　E 嫌疑

問5 土地を切り開いて通した水路のこと

A 疎水　　B 用水　　C 河川
D 灌漑　　E 開発

◆答え：**問1** B　　**問2** B　　**問3** C　　**問4** C　　**問5** A

4. 同意語・反意語

点取りやすさ
★★★★★

基本となる語句と同じ意味・反対の意味の語句を選択肢から選ぶ問題です。まぎらわしい語句が並んでいるので、早合点をせず、１つずつ慎重に選択しましょう。

ここでやること

1 基本となる語の意味をとらえる

2 同意語・反意語をさがす

3 似た意味を区別する

　今回の問題は、小学校以来の国語の問題でおなじみのパターンではないでしょうか。「同じ意味」「反対の意味」の語を５つの選択肢からさがす問題です。同じ漢字が使われていると、つい目を向けてしまいがちですが、いいかえをしたり、短い例文をつくったりして、慎重に解答しましょう。

同意語とは…同じ意味を表す２つの言葉　　　例：簡単と容易
反意語とは…逆の意味を表す２つの言葉　　　例：結婚↔離婚

まず問題を見る 問１から問３までは、各問いのはじめにあげた言葉と意味が最も近いものを、問４と問５は意味が反対になるものを、ＡからＥまでの中から１つずつ選びなさい。

問1 先達

A　老人　　B　優勝　　C　速達
D　案内　　E　教師

問2 斡旋

A　仲裁　　B　仲人　　C　仲介
D　中立　　E　成立

問3 知名

A　有名　　B　美名　　C　氏名
D　認知　　E　機知

問4 安定

A　震源　　B　動揺　　C　振幅
D　心配　　E　不定

問5 高貴

A　退廃　　B　弱小　　C　卑賤
D　醜悪　　E　野蛮

GUIDE

　問題の選択肢を見てください。日常生活の中でよく使う語も出ますが、なじみのない語もかなりあります。定番の反対語「賛成↔反対」のように楽に解答できる問題もまれに出ますが、ほとんどは、選択肢の中に似通った意味の語が並んでいるので、それらの語を識別することが要求されます。

　したがって、選択肢の**各語の意味の違いを慎重に見極めることが重要**といえます。

先達

A	老人	B	優勝	C	速達
D	案内	E	教師		

解法は

最初に「先達」の意味を考えます。読みは「せんだつ」ですね。

先達→先に立って案内する人。

四国遍路の旅では、大勢の人々がいろいろな願いを胸に出かけます。そのとき、経験があって先頭に立ち案内を務める人を先達といいます。これと同じ意味の語をさがします。

POINT 1

選択肢を見ると、語句どうしには似通ったものがなく、ばらばらという感じがします。このような場合は、**基本語と同じ漢字を使ったものは正解ではないことが多い** のです。漢字が1字同じだからといって、「速達」を選んではいけないということです。選択肢の語句の意味を調べてみましょう。

A　老人…年老いた人。
B　優勝…競技などで1位になること。
C　速達…速達郵便の略。
D　案内…場所や道を知らない人を導くこと。
E　教師…学業を教える人。先生。

答えは
D です。

解法は

基本語の「幹旋」と同じ意味の語はどれかということです。「あっせん」と聞けばわかる人も多いかも知れません。しかし、実際のSPI試験では、ふりがながついているわけではありません。読みと意味を確認する習慣をつけておくことも大切ですね。

POINT 2

さて、同意語の２つ目の解法は、**同じ文章を使っていいかえてみる**　ことです。

$$不動産取引の\overset{\bullet\bullet}{幹旋}＝不動産取引の\overset{\bullet\bullet}{仲介}$$

このようにいいかえることができれば、２つの語は同意語といえます。

答えは
C です。

問3 知名

A 有名 　B 美名 　C 氏名
D 認知 　E 機知

解法は

「知名」という語はふだん使わなくても、「知名度」ならよく使うというこ

とはありませんか。このように、その語に別の語を加えて使うケースも思い出してみると、似た語句の判断がしやすいこともあります。

知名→世間に名前が知れ渡っていること。著名であること

選択肢を順に見ていくと、「有名…世間に名高いこと」が近い語です。

答えは
　Aです。

問4　安定
　　A　震源　　B　動揺　　C　振幅
　　D　心配　　E　不定

解法は

POINT 3

基本語の「安定」と反対の意味をもつ語はどれか、問われています。まずは、**反対語がわかるものをチェックして消去法を使う**　のも有効な方法です。簡単なところでは「心配↔安心」なので、Dが正解とはいえません。

POINT 4

次に、「安定」という語は、「安定する」といういい方でも使えます。「物価が安定する」など。同様に選択肢から「する」をつけることのできる語を探します。「震源する」「振幅する」「不定する」とはいえませんから、反意語になりません。このように、**語尾に「～する」をつけられるかどうかで選択肢を絞る**　ことも、同意語・反意語の問題ではかなり有効です。

Bは、「動揺する」といえ、意味は「動き、ゆれること。不安定な状態」。

答えは
Bです。

問5　高貴
A　退廃　　B　弱小　　C　卑賤
D　醜悪　　E　野蛮

解法は

POINT 5

　反対の意味をもつ語をさがすときは、**基本語の漢字と対になる漢字が含まれた語をさがす**　のも1つの方法。高貴の「貴」は、「貴⇔卑」と対になっています。これより「卑賤」が反対語ですね。

高貴→身分が高く貴い ↔ 卑賤→身分が低く卑しい

答えは
Cです。

ど忘れコーナー 5	基本的な反対語は？

基本的な反意語を問う定番問題もある。思い出しておこう！

愛護↔虐待	暗愚↔賢明	安全↔危険	安楽↔苦労	一定↔不定
移動↔固定	違反↔順守	違法↔合法	明朗↔陰鬱	散文↔韻文
直行↔迂回	静止↔運動	永遠↔瞬間	鈍角↔鋭角	左遷↔栄転
恥辱↔栄誉	演繹↔帰納	狭小↔遠大	短縮↔延長	返信↔往信
過分↔応分	解雇↔採用	開国↔鎖国	開始↔終了	解放↔束縛

ポイントのまとめ
同意語・反意語

POINT 1
基本語と同じ漢字を含む語に注意！

基本語と漢字が1字同じだからといって安易に同意語だと選んではいけない。正解でないことが多い。

POINT 2
同じ文章を使っていいかえができればOK！

基本語を入れた簡単な文を作り、そこに選択肢の語を入れてみよう。いいかえができれば同意語だ。

POINT 3
選択肢はまず消去法でチェック！

選択肢の語について、明らかに意味や同意語・反意語がわかるものは書き出そう。消去法で選択肢を絞り込める。

POINT 4
語尾に「〜する」「〜だ」をつけてみよう！
基本語と同じなら同類だ。

同じ言葉をつけても意味が通じるなら同じ仲間の可能性が高い。こんな見方で選択肢を絞るのも、同意語・反意語の問題ではかなり有効だ。

POINT 5
反意語は基本語の漢字と対になる漢字をさがそう！

これも有効な方法。高↔卑、違↔合、放↔束…など。基本的な反意語とともに、もう一度思い出しておこう。

類題にトライ Let's TRY!

やり方がわかったところで、忘れないうちにもう一度！

問1から問3までは、各問いのはじめにあげた言葉と意味が最も近いものを、問4から問6は意味が反対になるものを、AからEまでの中から1つずつ選びなさい。

問1 束縛

　A　拘泥　　B　呪詛　　C　束帯　　D　拘束　　E　捕縛

問2 界隈

　A　世界　　B　付近　　C　評判　　D　世間　　E　地図

問3 懸念

　A　断念　　B　懸案　　C　祈念　　D　心配　　E　計画

問4 拒絶

　A　拒否　　B　否定　　C　肯定　　D　受諾　　E　受用

問5 分裂

　A　統括　　B　忌避　　C　逃避　　D　避難　　E　統一

問6 利息

　A　資本　　B　利率　　C　利益　　D　元金　　E　出資

◆答え：**問1** D　　**問2** B　　**問3** D　　**問4** D　　**問5** E　　**問6** D

第⑩回 長文を読む

長文読解

点取りやすさ
★★

**SPI言語分野のカギを握る長文問題。くわずぎらい派、ヤ
マカン派、そして長文アレルギーの人も、正解は「文章の
中に隠されている」ことをお忘れなく。**

ここでやること

1 問題文をざっと把握

2 答えの箇所をさがす

3 問題文から答えをひきだす

　　SPI言語系問題の中心になるのが、この長文問題。文章内容やレベル、設問の難易
度からも手ごわいジャンルです。ここでは、内容把握に加え、**文章の細部まで見渡
して答えを探す力が求められている**　のです。

　　問われる日本語読解力は、一朝一夕に実力がつくものではありません。しかし、
あなたの希望職種が事務系であれ技術系であれ、仕事を進めるうえで日本語の会話
と文書を使用しない職場はありません。得意先とのコミュニケーションを円滑・正
確にするためにも、基本的な日本語理解力はしっかり高めておきたいものです。

次の文を読んで問１から問５までの５問に答
えなさい。

　常識的には、カメラは、見知らぬ他人には向けられない。カメラを向け
ることは明らかさまな行為であり、それは、凝視されることより強い意味を
持つ。特に都市生活者にとって、見知らぬ者同士の間には、たがいに無用
の接触、あるいは、それによるいさかいを起こさぬための「回避儀礼」
（avoidance ritual）、つまり「儀礼的無関心」が了解されている。カメラ
を向けられることは、明らかに、それの無視、露骨な挑戦のように感じざ
るをえないだろう。

　カメラマンにとって、撮ることは取ることである。それは逆にいえば、
撮られる者にとっては取られることになる。撮られる者にとっては常に、
何かが侵され、奪われるのではという不安がよぎる。それは、自己の中の
公にはしたくないところなのかもしれないし、自らも否定し、消し去って
しまいたいところなのかもしれない。あるいは、写し取られた自己が他者
の目にふれて、勝手に解釈され、釈明の及ばないものになってしまうとい
う恐れでもあるだろう。また、写真が他者の世界を私物化する道具だとい
うところからすれば、写されることは、本質的に喪失感を伴うものだとい
うこともできるかもしれない。そういう意味でいえば、誰も、写真を撮ら
れることを、魂を抜き取られることとして恐れ、嫌う人びとを笑うことは
できない。

　カメラを向けられた時、私たちは、それが了解ずみのことであっても、
一瞬ためらい、緊張する。そして、それ以前とはどこか異なる行為をしは
じめる。少なくとも、そうしようと努力する。つまり、気取ったり、澄ま
したりする。E・ゴフマンは「気取り」（affectation）を「行為の自然な表
出と受けとってほしいと期待するものを、ジェスチャーによって見せかけ
る」ことだといっている。こういった行為は、もちろん、カメラが介在し
なくても起こる。私たちは誰でも、他者の前では少なからず気取り屋にな
るからだ。しかし、日常の出会いの中では、嘲笑や反感を恐れて必ずしも
明らさまに気取りはしない私たちも、カメラの前では当然のふるまいとし
て、露骨なまでにそれをしてしまうのである。

　そのことは当然、撮る者もこころえている。撮る者と撮られるものは、
むしろ共謀しあって、被写体の望む姿、その場や機会に沿ったイメージを
付与しようとする。　　　　　　　をではなく、あるべき像、あってほしい姿
を求めた「共謀関係」を作り出す。カメラの存在が、そこにいる者たちの
間で了解されている状況の定義を変える。これはまさに「フレイム」の変更、
つまり「転調」にほかならない。

　もっとも、写真に撮られる場や機会は、儀式や人びとの出会いや別れなど、

すでにありふれた日常の世界とは異なるルールに支配された状況、つまり「転調」の起こっている場であるから、そこにカメラが介在するということは、二重の「転調」が起こることを意味している。

（渡辺潤『メディアのミクロ社会学』筑摩書房より）

問1 文中の空所 ＿＿＿＿＿ に入れる言葉として最も適切なものは、次のうちどれか。

A 真実　　　　B ポーズ　　　　C つくりもの
D 笑顔　　　　E 晴れ姿

問2 文中に述べられている「儀礼的無関心」の例として適切なものは、次のうちどれか。

ア 車内化粧の横行
イ ひとり暮らしの老人の孤独な死
ウ 選挙における投票率の低下

A アだけ　　　　B イだけ　　　　C ウだけ
D アとイ　　　　E アとウ　　　　F イとウ

問3 見知らぬ人から写真を撮られる時の感覚として、文中に述べられていることと合致するものは、次のうちどれか。

ア 撮影者に親近感を覚え、気取ったり澄ましたりする
イ 他者の世界を私物化する罪悪感を覚える
ウ 他者が侵入し奪取される不安を覚える

A アだけ　　　　B イだけ　　　　C ウだけ
D アとイ　　　　E アとウ　　　　F イとウ

問4 カメラを向けられた時の行為について、文中に述べられていることと合致するものは、次のうちどれか。

ア 「ピース」のしぐさをする
イ ことさら笑顔を作る
ウ 目をつむって写ることが多い

A アだけ　　　　B イだけ　　　　C ウだけ
D アとイ　　　　E アとウ　　　　F イとウ

問5 文中の下線部に述べられている「二重の転調」の「二重」と合致するものは、次のうちどれか。

A　自然な行為と気取った行為
B　人生における出会いと別れ
C　写真を撮る者と撮られるもの
D　非日常的な状況とカメラが介在する状況
E　日常の世界と非日常の世界

　長文問題の出題傾向を分析すると、文章の長さは1100〜1300字程度で、**評論や説明文が多く**、ジャンルは科学、芸術、哲学、歴史などについての本格的なものです。出題は大問が３つにそれぞれ設問が５個。設問内容は、**文中の語句と同じ、あるいは異なったものを選ぶものが頻出**です。このほか、下線部の理由を問うものや文章全体の要旨を問うもの、文中の内容と合致するものを選ぶもの、空欄に適語句を補うものなどがあります。

　設問に入る前に、**長文問題を解答する流れ**をおさらいしておこう！

1　**おおまかに全体を速読。**　主旨は何か、最後の段落を中心に探そう。
2　**各段落の要点とキーワードに印をつける。**　段落に番号もふっておく。
3　**設問に目を通す。**　問われていることは何かを意識しながら読もう。
4　**解答のカギになる語句を○で囲む。**
5　**確実にわかる設問から解答する。**　各設問は独立型。どこから解いてもOK。

文中の空所 ____ に入れる言葉として最も適切なものは、次のうちどれか。

A 真実　　　B ポーズ　　　C つくりもの
D 笑顔　　　E 晴れ姿

解法は

POINT 1

　空欄補充の問題は、前後の文脈から考えます。**とくに空欄直後の文章と空欄の語句が内容的にうまくつながるものを選ぶ**　こと。これがいちばんです。これに加えて、前後の文章と話題の共通性があることも必要です。選択肢どうしを比較してヒントを得てもいいでしょう。また、**空欄にその語を入れて正しい日本語になることは絶対条件**　です。接続詞の補充問題は、段落や文章の意味のつながりを考えます。「しかし」「ところが」などの逆接、「つまり」「それで」などの要約が入ることが多い傾向にあります。

ここに注目 🚩

そのことは当然、撮る者もこころえている。撮る者と撮られるものは、むしろ共謀しあって、被写体の望む姿、その場や機会に沿ったイメージを付与しようとする。____ を①ではなく、②あるべき像、あってほしい姿を求めた「共謀関係」を作り出す。

　まずは、空欄を含む文章の内容を見ます。下線部①から、空欄に入る語は「…ではなく」と否定されています。一方、下線部②では「あるべき像、あってほしい姿」と肯定されたことがらが述べられています。つまり、次の対比関係が成り立っています。

> ____ ⟷ あるべき像、あってほしい姿

　「あるべき像、あってほしい姿」は、直前の文章によれば、「被写体の望む姿、その場や機会に沿ったイメージ」ともいいかえることができます。

次に、選択肢の中から適するものをさがします。

Aの「真実」は、「あるべき姿」ではなく、「実際にある姿」のことです。その他の選択肢は、いずれも「そうあってほしい姿」を表わしています。

答えは ◎↗

Aです。

> **問2** 文中に述べられている「儀礼的無関心」の例として適切なものは、次のうちどれか。
>
> ア　車内化粧の横行
> イ　ひとり暮らしの老人の孤独な死
> ウ　選挙における投票率の低下
>
> A　アだけ　　　B　イだけ　　　C　ウだけ
> D　アとイ　　　E　アとウ　　　F　イとウ

解法は

POINT 2

SPIの長文問題において、文中の語句と同じ例を選択する問題が出題される確率は70%。この問題の解法は、文中の定義が決め手となります。**語句から感じとるニュアンスや先入観を捨て、あくまでも「本文における筆者の定義」を正確に読みとる**ことです。ここでも、それぞれの選択肢がその定義にあてはまるかどうか、慎重な判断が求められます。

「儀礼的無関心」について、本文ではどう定義しているのでしょうか。

ここに注目 🚩

見知らぬ者同士の間には、たがいに無用の接触、あるいは、それによるいさかいを起こさぬための「回避儀礼」（avoidance ritual）、つまり「儀礼的無関心」が了解されている。

「儀礼的無関心」は、「結局、要するに」という意味の副詞「つまり」に導かれて、前に述べた下線部の文章を要約しているのです。

> 儀礼的無関心 ＝ たがいに無用の接触、あるいは、それによるいさかいを起こさぬための「回避儀礼」

　「回避儀礼」とは、「何かを避けるためにあらかじめ別の何かをする」こと。「見知らぬ者同士の間」に起きる条件を加えて選択肢を検討します。

ア…化粧をする人と乗客は「見知らぬ者同士の間」の条件にあてはまり、車内化粧を不快と感じてもあえて注意をしないのは、「回避儀礼」です。

イ…ひとり暮らしの老人の孤独な死は、「見知らぬ者同士の間」の条件にあてはまりますが、「回避儀礼」ではありません。この場合は、不幸にも偶然、誰にも発見されずに亡くなったということです。

ウ…２つの条件にあてはまりません。選挙は、国なり自治体なりと個人との関係で行なわれるもの。また、何か「いさかい」を避けるために「投票率の低下」が見られるのでもありません。

答えは
Ａです。

問3 見知らぬ人から写真を撮られる時の感覚として、文中に述べられていることと合致するものは、次のうちどれか。
　ア　撮影者に親近感を覚え、気取ったり澄ましたりする
　イ　他者の世界を私物化する罪悪感を覚える
　ウ　他者が侵入し奪取される不安を覚える

　Ａ　アだけ　　　Ｂ　イだけ　　　Ｃ　ウだけ
　Ｄ　アとイ　　　Ｅ　アとウ　　　Ｆ　イとウ

解法は

POINT 3

SPIの長文問題において、内容合致問題が出題される確率は80％以上。ほとんど出題されるといっていいでしょう。まず、**該当する部分が本文中のどこに述べられているかを確認**　します。SPIでは、設問と対応する箇所を本文中からさがすパターンが多いのです。選択肢は、まぎらわしいものが多く、たった1語だけ間違っているものもあるので、慎重に判断することです。

やってみよう

「見知らぬ人から写真を撮られる時の感覚」という前提条件を見落とさないでください。前半の第1・2段落は、「見知らぬ他人」から、突然カメラを向けられたときのこと、後半の第3段落以降では、お互いに了解のうえで写真を撮るときのことを述べています。したがって、この前提条件は、文章の前半部分にあてはまります。

ア…気取ったり澄ましたりするのは、第3段落の内容。

イ…「私物化する」は、第2段落にある「写真が他者の世界を<u>私物化する</u>道具だ」と一致しますが、それは主語が「写真」のこと。設問では被写体となる場合の感覚を前提としています。

ウ…第2段落に、次のような記述があることから、正しいとわかります。

ここに注目

撮られる者にとっては常に、<u>何かが侵され、奪われるのではという不安がよぎる</u>。それは、自己の中の公にはしたくないところなのかもしれないし、自らも否定し、消し去ってしまいたいところなのかもしれない。

答えは

Cです。

問4 カメラを向けられた時の行為について、文中に述べられていることと合致するものは、次のうちどれか。
　　ア　「ピース」のしぐさをする
　　イ　ことさら笑顔を作る
　　ウ　目をつむって写ることが多い

　A　アだけ　　　　B　イだけ　　　　C　ウだけ
　D　アとイ　　　　E　アとウ　　　　F　イとウ

！解法は

　問3と同様、内容合致を問う設問です。「カメラを向けられた時の行為」は「見知らぬ他人」からか、あるいは、これから撮影しますよと「了解ずみ」であるかにかかわりません。つまり、文章全体が内容合致の対象となるのです。内容合致問題では該当する範囲に注意します。

やってみよう

　選択肢を順に、合致するか否か、確認していきます。
ア…「ピース」のしぐさについては、直接本文に述べられていません。しかし、第3段落のはじめに、次のような記述があります。

　つまり、気取ったり、澄ましたりする。E・ゴフマンは「気取り」（affectation）を「行為の自然な表出と受けとってほしいと期待するものを、ジェスチャーによって見せかける」ことだといっている。

POINT 4

　ここでは「ジェスチャー」に相当する具体的行動が、「ピース」のしぐさです。このように、**直接その語句が本文に述べられていないからといって、単純に誤りとせず、内容にふさわしいかどうかを慎重に検討**　します。
イ…この行動も、「気取ったり、澄ましたり…」の具体的な行為の1つ。
ウ…これは、ただその人の特徴というべきもの。

答えは
D です。

> **問5** 文中の下線部に述べられている「二重の転調」の「二重」
> と合致するものは、次のうちどれか。
>
> A　自然な行為と気取った行為
> B　人生における出会いと別れ
> C　写真を撮る者と撮られるもの
> D　非日常的な状況とカメラが介在する状況
> E　日常の世界と非日常の世界

解法は

POINT 5

　SPIの長文問題において、文中の語句の説明問題が出題される確率は60％。ここでは、語句の一般的な意味を問われているのではなく、その文において、**筆者が与えている特別な意味とは何かを答える**　のです。そのまま述べられていることは少ないので、**語句のある段落や前後の文脈より判断**します。

やってみよう

　「二重の転調」とは、第5段落の「すでにありふれた日常の世界とは異なるルールに支配された」状況と、「そこにカメラが介在する」状況が同時に発生する場合を指します。したがって、Dが正解。そのほかは、対照的な内容が挙げられていますが、二重の転調といえるものはありません。

答えは
D です。

ポイントのまとめ
長文読解

POINT 1
空欄補充の問題は、前後の文脈から考える！

話題の共通性や対比関係、接続詞なら逆接や要約などの用法に注意する。

POINT 2
同じ例をさがす問題は、筆者の定義を正確に読む！

この問題は、文中の定義が決め手。先入観を捨てて正確に読もう。語句から感じるニュアンスにまどわされないこと。

POINT 3
内容合致問題1　まず該当部分をチェック！

この問題の出題率は80％以上。1部分か文章全体か。該当範囲によって正解の見つけ方が違ってくる。

POINT 4
内容合致問題2　文中にない語句も内容で検討！

直接問題文に出ていない語句だからといって、間違いとはいえない。内容にふさわしいか、示していることが同じか、なども検討しよう。

POINT 5
語句の説明問題は、筆者のいう特別な意味を答える！

文中にそのままの言葉で述べられていることは少ない。設問にされている語句がある段落や前後の文脈より判断しよう。

類題にトライ Let's TRY!

やり方がわかったところで、
忘れないうちにもう一度！

第 10 回

長文を読む

長文読解

次の文を読んで問1から問5までの5問に答えなさい。

　異常なできごとは、すべて規則性、法則性からの逸脱であり、プロバビリティ（ありそうなことが起こる可能性）あるいは予測可能性からはずれた偶然ないし椿事と見ることができる。ある偶然の生じうる可能性が低ければ低いほど、つまりその偶然を排除するプロバビリティが高ければ高いほど、それだけその偶然の 　　　　　　　 は増加する。その意味で、現代の私たちの社会は規則性をはずれた例外的な事態がだんだん起こりにくくなるような傾向をもった、つまり極めて高いプロバビリティによって支配された社会だということができる。

　社会におけるプロバビリティの増大は、科学的知識の増加に比例する。科学技術の進歩によって、現実に起こってくるあらゆる事柄についてその規則性が精密に確定され、それに基づいて今後起こりうべき事態のプロバビリティが正確に予測されるようになると、その予測どおりに起こってきた事態は、いかにそれが頻度の上からはまれなことであろうとも、もはや異常とはいわれなくなる。その一例が日蝕である。かつてはこの上なく異常で不気味な現象として、おそらくは大きな呪術的な意味を帯びていたであろうところの日蝕も、現在では原理上は無限の未来にまでもわたって正確に予知可能となり、小学生の教材として利用されるまでにその異常さを失ってしまっている。また、最近大きな関心を集めている「バイオリズム」の説によれば、人生において遭遇するいっさいのできごとが、その人の出生に関する種々のデータから高い精度で算出できるという。

　このようにして科学に対する信仰あつき現代においては、一見偶然と思われるできごともすべて、科学の進歩がまだそこまでは及んでいないためにそう見えるだけであって、科学がもっと進歩したあかつきには、もはや偶然とはいえなくなるに相違ないというように考えられている。科学の進歩は原理上無限と考えられるから、真の偶然というようなものは原理上存在しえないということになる。こうして「異常」のはいり込む余地がますますせばまってきている現代だからこそ、現代の社会は、いわば異常に対する飢えから、異常な現象に対してかくも貪欲な関心を示すのではあるまいか。

　しかし、異常な事態に対して私たちが示す大きな関心は、単にこのような異常への欲求だけから説明しつくされるものではないだろう。単なる欲求から生じるものは直接的な行動であって、多少なりとも意識化された関心ではない。意識化された関心が成立しうるための条件は、欲求がみずからと反対の方向性を持つ一つの傾向とぶつかって、そのために行動化が抑止されるということである。しかもこの傾向というのは、単純に行動を阻止する反対力や、行動を増強することによって突破できるような外的な抵抗のようなものであってはならない。欲求と出遭うことによってそこに意識化された関心を生み出しうるような反対傾向とは、あくまでこの欲求自身と同一レベルにあって、欲求の一こま一こまにおいてこれと拮抗しうるような内的な抵抗でなくてはならない。つまりそれは、欲求が行動に移されてはじめてそこで遭遇する障害物ではなくて、欲求が欲求として働きつつあるそのあらゆる瞬間に——換言すれば欲求が欲求として働くというまさにそ

の働き自体において——欲求にさからうものでなくてはならないのである。

（木村敏『異常の構造』講談社現代新書より）

問1 文中の空所 〔　　　　〕 に入れる言葉として最も適切なものは、次のうちどれか。

A　インパクト　　　B　社会的意義　　　C　可能性
D　発生頻度　　　　E　異常度

問2 極めて高いプロバビリティによって支配された社会について、文中に述べられていることと合致するのは、次のうちどれか。

ア　科学の発達が未成熟な社会
イ　呪術を否定した社会
ウ　現代の社会

A　アだけ　　　B　イだけ　　　C　ウだけ
D　アとイ　　　E　アとウ　　　F　イとウ

問3 文中の下線部に述べられている「異常に対する飢え」と合致するものは、次のうちどれか。

ア　怖いものみたさ
イ　ヤジ馬見物
ウ　科学への盲信

A　アだけ　　　B　イだけ　　　C　ウだけ
D　アとイ　　　E　アとウ　　　F　イとウ

問4 科学が進歩してもなくならないものとして、文中に述べられていることと合致するのは、次のうちどれか。

ア　真の偶然
イ　バイオリズム
ウ　意識化された関心

A　アだけ　　　B　イだけ　　　C　ウだけ
D　アとイ　　　E　アとウ　　　F　イとウ

問5 文中に述べられていることと合致するのは、次のうちどれか。

ア　異常度の高い偶然は今後いっそう減少する
イ　行動化の抑止は意識化された関心の成立条件となる
ウ　異常事態への関心は行動を抑止する原動力となる

A	アだけ	B	イだけ	C	ウだけ
D	アとイ	E	アとウ	F	イとウ

◆答え：**問1** E　**問2** C　**問3** A　**問4** C　**問5** D

◆解説：**問1**　まず選択肢CとDは直前の文章内容と矛盾するので消去。Aは、直後の文「現代の私たちの社会は規則性をはずれた例外的な事態がだんだん起こりにくくなるような傾向」と意味上つながらない。Eは、規則性をはずれた例外的な事態のレベルを表わすもので、正解。

問2　第1段落の最後の文の定義が解答の根拠になる。アは本文と逆。イの呪術の否定が、そのまま科学の発達と結びつくか否かが本文からは不明。

問3　直後の段落に「単なる欲求から生じるものは直接的な行動であって、多少なりとも意識化された関心ではない」とある。つまり、「異常に対する飢え」とは、イの「ヤジ馬見物」のような直接的行動ではない。したがって、多少なりとも意識化されたアの「怖いものみたさ」が正解。また、ウの「科学への盲信」は、「科学の進歩」と「異常」は相反するものなので不正解。

問4　アは、第3段落より、無限に科学が発達すれば存在しなくなるものといえる。イの「バイオリズム」は、「日蝕」同様、科学の進歩によって異常とはいえなくなるものではあるが、それ自体がなくなるかどうかについては述べられていない。ウは、科学の進歩につれて、ますます異常な事態を待ち望むこと。

問5　アは、科学の進歩とともに偶然そのものが減少。イは第4段落に述べられている内容と一致する。ウは第4段落の内容と逆の内容なので誤り。

■編著者紹介

日本キャリアサポートセンター

　長年の就職指導のノウハウを生かし、学生の就職活動を様々な場面でサポートするプログラムを提供。特にSPI試験対策講座は全国の学校で実施し、毎年多くの学生をサポートしている。

　模擬試験（SPI模擬試験・一般常識模擬試験・GAB模擬試験等）は数多くの種類を常備し、4万人を超える学生が利用。また、エントリーシート対策、面接対策などの就職支援プログラムも充実しており、幅広いキャリア教育に取り組む。就職試験対策出版物（SPI・テストセンター・一般常識・CAB・GAB等）も多数刊行し、定評がある。

手とり足とり就活BOOK
定番SPI基礎ベイシック　第3版

2008 年 4 月 20 日　初　版第 1 刷発行
2010 年 7 月 20 日　初　版第 4 刷発行
2011 年 7 月 20 日　第 2 版第 1 刷発行
2020 年 3 月 10 日　第 2 版第 9 刷発行
2021 年 5 月 20 日　第 3 版第 1 刷発行

〈検印省略〉

定価はカバーに
表示しています

編著者　日本キャリアサポートセンター

発行者　杉　田　啓　三

印刷者　森　元　勝　夫

発行所　株式会社　ミネルヴァ書房
〒607-8494　京都市山科区日ノ岡堤谷町 1
電話代表075-581-5191番
振替口座01020-0-8076番

モリモト印刷

ISBN978-4-623-09214-7
Printed in Japan